J新書 05

中学英語で世界中どこでも通じる
魔法の英会話

フレーズ500

成
Narish

Jリサーチ出版

はじめに

英会話にはアウトプット練習が必須です

　英語を話したいけれど話せない、いざとなったら英語が口をついて出ない。海外旅行などでこうした「話せない」体験をした人は多いと思います。

　中学・高校と6年間（短大・大学に行った人はさらに2～4年間）、英語を勉強しているはずなのに、なぜ？　こうした体験をした人はすぐにこの疑問が脳裏をかすめたことでしょう。やっぱり英語の勉強が足りなかったからかな。もっと勉強しないといけないな。

　いえいえ、そうではありません。あなたは中学・高校と英語を勉強して、実は十分な英語のインプットをしているのです。あなたがすべきことは、英語の勉強をさらに重ねることではなく、英会話の練習、すなわち「アウトプットの訓練」をすることなのです。

　いくら英語の知識がインプットされていても、アウトプットの練習をしないかぎり、英語は話せるようになりません。

魔法のフレーズで話せるようになります

　本書が収録する「魔法の英会話フレーズ」は、そんな「話せない」症候群のみなさんが英会話の第一歩を踏み出すのに最適です。

　50の会話パターン別に、ぜんぶで500のフレーズを収録しています。どうして「魔法」かと言うと、①中学英語で対応できること、②多くが5語以内の超シンプルフレーズで覚えやすいこと、③世界中どこでも通じること、です。

　全部覚える必要はありません。自分で使えそうだと思うものを何度

も口に出して言ってみましょう。ある程度自然に口から出るようになったらOKです。そのフレーズはあなたのアウトプット・リストに入ります。

　こうして、アウトプット・リスト、つまり自分が本当に使える表現を少しずつ増やしていきましょう。500のフレーズはすべてCDに録音されているので、発音に自信のない表現はCDで確かめてみましょう。

覚えたら使ってみましょう

　アウトプットできるようになったフレーズは、ぜひ実際に使ってみましょう。外国人と話して通じれば、それが自信になり、英会話が楽しくなっていくでしょう。

　今や毎年二千万人近くが外国に出かける時代。海外旅行は日常生活の延長のようになりました。日本から一歩外に出れば英語を話す機会はいくらでもあります。

　また、日本は英語を話す環境としてはまだ十分とは言えないかもしれませんが、ひところに比べると外国人もずいぶん増えましたし、これからも増えこそすれ、減ることはないでしょう。英語を日本で使うチャンスも確実に増えていくはずです。

　そんな時代の変化のなか、ぜひ魔法のフレーズを活用して、英会話の第一歩を踏み出していただきたいと思います。

　本書を通して、みなさんに英語を話す喜びを知っていただくことができたなら、これほど嬉しいことはありません。

2009年新春　著者一同

CONTENTS

はじめに …………………………………………………………………… 2
魔法のフレーズを使えば、だれでも話せるようになる ………… 8
本書の利用法 …………………………………………………………… 14

(第1章)

魔法❶ **I'm ～**フレーズ …………………………………………… 18
魔法❷ **I do ～**フレーズ …………………………………………… 20
魔法❸ **He is ～**フレーズ ………………………………………… 22
魔法❹ **This is ～**フレーズ ……………………………………… 24
魔法❺ **It's ～**フレーズ …………………………………………… 26
●**話すための英文法①** 動詞・人称代名詞・Itの特別用法ほか ……… 28

魔法❻ **Are you ～?**フレーズ …………………………………… 32
魔法❼ **Do you ～?**フレーズ …………………………………… 34
魔法❽ **I don't ～**フレーズ ……………………………………… 36
魔法❾ **We / They**フレーズ ……………………………………… 38
魔法❿ **There is [are]**フレーズ ………………………………… 40
●**話すための英文法②** 疑問文・否定文 …………………………… 42

第2章

- 魔法 ⑪ **What ～?フレーズ** ……………………………… 46
- 魔法 ⑫ **How ～?フレーズ** ………………………………… 48
- 魔法 ⑬ **Where ～?フレーズ** ……………………………… 50
- 魔法 ⑭ **When ～?フレーズ** ……………………………… 52
- 魔法 ⑮ **What / How ～?フレーズ** ………………………… 54
- ●話すための英文法③ 疑問詞 ……………………………… 56

- 魔法 ⑯ **How about ～?フレーズ** ………………………… 60
- 魔法 ⑰ **Could you ～?フレーズ** ………………………… 62
- 魔法 ⑱ **May I ～?フレーズ** …………………………… 64
- 魔法 ⑲ **Would you like (to) ～?フレーズ** …………… 66
- 魔法 ⑳ **I'd like (to) ～フレーズ** ……………………… 68
- ●話すための英文法④ 会話表現 …………………………… 70

第3章

- 魔法 ㉑ **can フレーズ** ……………………………………… 74
- 魔法 ㉒ **should フレーズ** ………………………………… 76
- 魔法 ㉓ **have to フレーズ** ……………………………… 78
- 魔法 ㉔ **to不定詞 フレーズ** ……………………………… 80
- 魔法 ㉕ **Thank you for ～フレーズ** ……………………… 82
- ●話すための英文法⑤ 助動詞・不定詞・動名詞 ………… 84

魔法 ㉖	**and**フレーズ	88
魔法 ㉗	**or**フレーズ	90
魔法 ㉘	**when**フレーズ	92
魔法 ㉙	**I think ～**フレーズ	94
魔法 ㉚	**I don't know ～**フレーズ	96

●**話すための英文法⑥** 接続詞 ……98

(第4章)

魔法 ㉛	**過去**フレーズ	102
魔法 ㉜	**未来**フレーズ	104
魔法 ㉝	**進行形**フレーズ	106
魔法 ㉞	**I have ～**フレーズ	108
魔法 ㉟	**Have you ～ ?**フレーズ	110

●**話すための英文法⑦** 時制・willとbe going to・現在完了 ……112

魔法 ㊱	**感情形容詞**フレーズ	116
魔法 ㊲	**very**フレーズ	118
魔法 ㊳	**well**フレーズ	120
魔法 ㊴	**too**フレーズ	122
魔法 ㊵	**比較級**フレーズ	124

●**話すための英文法⑧** 感情形容詞・副詞・比較 ……126

第5章

魔法㊶ **-thing / -one フレーズ** ……………………………… 130

魔法㊷ **Please 〜フレーズ** ……………………………… 132

魔法㊸ **Let's 〜フレーズ** ……………………………… 134

魔法㊹ **Don't 〜フレーズ** ……………………………… 136

魔法㊺ **関係代名詞（省略）フレーズ** ……………………………… 138

●**話すための英文法⑨**　-thingと-one・依頼・許可・関係代名詞 ……140

魔法㊻ **have フレーズ** ……………………………… 144

魔法㊼ **get フレーズ** ……………………………… 146

魔法㊽ **make フレーズ** ……………………………… 148

魔法㊾ **take フレーズ** ……………………………… 150

魔法㊿ **give フレーズ** ……………………………… 152

●**話すための英文法⑩**　基本動詞 ……………………………… 154

魔法のフレーズカード　……………………………… 159

魔法のフレーズを使えば、だれでも話せるようになる

英会話は勉強ではありません。実践です。
自分が使えるフレーズを覚えたら、すぐに話し始めましょう。
英会話は体験を積みながら上達していくものです。

● なぜみんな話せないのか

　日本の学習者は中・高と6年間、短大・大学に進学する人はさらに2〜4年間英語を勉強しています。それなのにぜんぜん話せない、どうして？　これはひと昔前からくり返されてきた疑問です。

　この疑問に答えるのは簡単です。それは実際に話す機会がないからです。英語で話していないから、英語で話せないままなのです。

　英会話は数学や歴史や物理の勉強、また英文法の勉強とは根本的に違います。そもそも英会話は勉強ではありません。それは実践、あるいは体験にほかなりません。

　つまり、英会話という体験を積んでいかないかぎり、英会話は上達しないということなのです。

　もちろん、文法や単語の知識と関係はあります。こうした知識が多いほど、英会話のポテンシャルは高いと言えるでしょう。しかし、実際に話さない限り、知識はポテンシャルのままで、それを利用していないのと同じことなのです。

　水泳にたとえればわかりやすいでしょう。テキストで呼吸法やバタ足やクロールのフォームをいくら勉強しても、それだけではプールや海に

飛び込んですぐに泳げるようにはなりません。

　英会話も同じで、実際に話していかないと、つまりプールに入らないと、進歩はないのです。

　ひと昔前の学校教育では、英会話の訓練に重点が置かれていませんでした。今でこそさまざまな取り組みがなされているとは言え、英会話の実習が不足していることは否めません。

"英会話は勉強じゃないよ"

●あなたに話す基礎は十分にある

　逆の見方をすれば、日本の学習者は学校で基本的な文法をひととおり勉強してきたので、会話の基礎はできているとも言えます。

　あとは今まで蓄積した知識を利用して、実際に話すことのみが必要なのです。

　本書は今までまったく英語を話せなかった人が英会話をスタートすることを目的としてつくられています。

　ゴルフにたとえるなら、実際にコースに出る前の「打ちっ放し練習場」とお考えください。水泳なら、浮き輪をつけた練習といったところでしょうか。

　本書は50のユニットに分かれていて、それぞれ10のフレーズを

紹介しています。全体で500のフレーズがあります。

フレーズは次のような基準で選んであります。

① 中学英語の知識をベースにしている。
② 短くシンプルなもので覚えやすい（大半は5語以内）。
③ 英語圏の国でも英語圏以外の国でも使える。

「中学レベルの英語でシンプル、よく使う、場所を選ばない」。これが、本書の500フレーズが「魔法のフレーズ」であるゆえんです。

例えば「魔法のAre you ～?フレーズ」ではキーフレーズがAre you sure?（確かですか）です。そして、バリエーションとして、Are you serious?（本気なの？）、Are you ready?（準備できた？）、Are you through yet?（もう終わった？）、Are you all right?（大丈夫？）など9つのフレーズが紹介されています。

最初から全部覚える必要はないので、まずは使えそうなフレーズ、気に入ったフレーズで口慣らしの練習をしてみましょう。

"英会話の打ちっ放し練習をしようね"

●音読は英会話の「素振り」である

本書の会話フレーズは眺めているだけでは意味がありません。必ず声に出して、読んでみましょう。

CDも活用してください。CDには「日本語」→「英語」の順で音声が収録されていますから、CDに合わせて自分でも言ってみましょう。

1つのフレーズについて、10回くらいは言ってみましょう。ゴルフも何度も素振りをして、練習場でボールを何度も打っていくなかで基礎ができていきます。

英会話も同じです。自分で英語を何度も何度も話しながら力がついていくのです。

会話力は知識というよりも、運動能力に近いものがあります。ですから、こうした反復練習を通して、自然に感覚的に英語が口から出るようにすることが大切なのです。

"口から出なきゃ意味ないよ"

●難しく考えず、シンプルに話そう

話す際には、最初はあまり発音にこだわらなくてもかまいません。ひとまず通じる程度の発音で英語を話せれば十分です。

よくネイティブのような発音をめざそうとする人がいますが、高校卒業までに数年を現地で過ごさないかぎり、ネイティブ発音を身につけるのは難しいものです。

ですが、本当にネイティブの発音が必要なのでしょうか。英語は国際言語として、英語圏以外のさまざまな地域で話されています。フランス人にはフランス人の、インド人にはインド人の、シンガポール人にはシンガポール人の、現地語に影響を受けたそれぞれの訛りがあります。それでも、みんな立派に英語でコミュニケーションをとっているのではないでしょうか。

発音は話しながら少しずつ直していくというくらいの気持ちでいいのです。

これは文法についても言えます。日本の学習者はきちんとした文法で話さないといけないという先入観が強すぎるのではないでしょうか。三単現のsを付けなければいけないとか、冠詞はaとtheのどちらにすべきとか、そんなことをあれこれ悩んでいると言葉が出なくなってしまいます。

三単現のsはなくても話は通じますし、冠詞は無視してしまってもひとまずコミュニケーションに支障はありません。

また言い間違えも起こることでしょう。ですが、会話は試験ではないのですから、言い間違ってもかまわないのです。間違ったら、言い直せばいいだけのことですから。われわれは日本語でしょっちゅう、言い間違って言い直しているのではないでしょうか。英語だって同じです。

"間違っても大丈夫！"

●第一歩を踏み出すことが大切だ

　本書の目的は「打ちっ放し練習場」を提供することです。ある程度練習を積んだなら、「コースに出て」英語で話してみましょう。

　本書には500のフレーズがありますが、実際に話す前にすべてをマスターする必要はまったくありません。50でも30でも10でも大丈夫です。ある程度のフレーズに慣れたら、使ってみることをお勧めします。

　だれもが英語を話す機会となると、やはり海外旅行でしょうか。仮にツアーに参加している場合でも、ショッピングのときにお店の店員と、また宿泊先のホテルでスタッフと、レストランでウエイターやウエイトレスと話すチャンスがあるはずです。機内ではフライトアテンダントとも話せますね。

　また日本においても、職場に外国人が採用されたり、国際結婚が増えたりしている昨今では、同僚や親族に英語を話す人がいることも珍しくなくなってきました。

　最初は挨拶でも、注文でもいいので、英語を使ってみましょう。そうして自分の英語が通じると、それが自信になって、どんどん話したくなってくるものです。まず本書のフレーズを使ってみて調子をつかむことが大切です。

"使うことで自信もつくよ"

本書の利用法

本書は汎用性のある基本フレーズを利用して、ビギナーがまず必要とする会話力を身につける1冊です。魔法のフレーズを何度も口に出して唱えてみましょう。

STEP 1 「ポイント」でフレーズのしくみを、「使い方」でフレーズの具体的な用法をチェックしましょう。

▼

STEP 2 CDで音声を聞いてみましょう。

▼

STEP 3 自分で口に出して言ってみましょう。
10回は繰り返しましょう。

▼

STEP 4 STEP 2とSTEP 3を何度か繰り返してみましょう。
自分が使えるフレーズにしてしまうことが大切です。

[学習のポイント]
①本書は読んで終わりの本ではありません。魔法のフレーズは、自然に口をついて出るようになって、はじめて魔法(実用性と応用性)を発揮します。
②すべてのフレーズを覚える必要はありません。自分の状況や用途に応じて、取捨選択して身につけましょう。
③最初は10個、次は30個、そして50個と使えるアウトプット・フレーズを増やしていくといいでしょう。ある程度覚えたら、実際に使ってみましょう。

各ユニットを代表するキーフレーズです。訳と文構造を示します。

キーフレーズのバリエーションを9つ紹介します。どれも、日常生活や旅行でよく使うものばかりです。

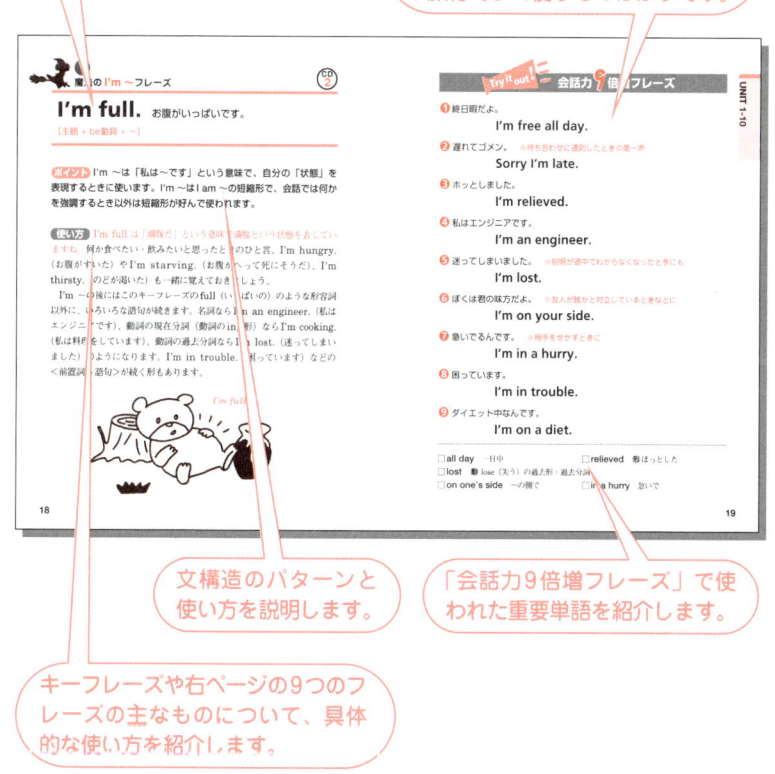

魔法の I'm ～フレーズ

I'm full. お腹がいっぱいです。

[主語 + be動詞 + ～]

ポイント I'm ～は「私は～です」という意味で、自分の「状態」を表現するときに使います。I'm ～は I am ～の短縮形で、会話では何かを強調するとき以外は短縮形が好んで使われます。

使い方 I'm full は「満腹だ」という意味で満腹という状態を表していますね。何か食べたい・飲みたいと思ったときのひと言、I'm hungry.（お腹がすいた）や I'm starving.（お腹がへって死にそうだ）、I'm thirsty.（のどが渇いた）も一緒に覚えておきましょう。

I'm ～の後にはこのキーフレーズの full（いっぱいの）のような形容詞以外に、いろいろな語句が続きます。名詞なら I'm an engineer.（私はエンジニアです）、動詞の現在分詞（動詞のing形）なら I'm cooking.（私は料理をしています）、動詞の過去分詞なら I'm lost.（迷ってしまいました）のようになります。I'm in trouble.（困っています）などの＜前置詞＋語句＞が続く形もあります。

I'm full.

try it out! 会話力9倍フレーズ

❶ 終日暇だよ。
　I'm free all day.

❷ 遅れてゴメン。　○待ち合わせに遅刻したときの第一声
　Sorry I'm late.

❸ ホッとしました。
　I'm relieved.

❹ 私はエンジニアです。
　I'm an engineer.

❺ 迷ってしまいました。　○旅行中で街中でわからなくなったときにも
　I'm lost.

❻ ぼくは君の味方だよ。　○友人が誰かと対立しているときなどに
　I'm on your side.

❼ 急いでるんです。　○相手をせかすときに
　I'm in a hurry.

❽ 困っています。
　I'm in trouble.

❾ ダイエット中なんです。
　I'm on a diet.

□ all day 一日中　　□ relieved 春ほっとした
□ lost ● lose（失う）の過去形・過去分詞
□ on one's side ～の側で　　□ in a hurry 急いで

文構造のパターンと使い方を説明します。

「会話力9倍増フレーズ」で使われた重要単語を紹介します。

キーフレーズや右ページの9つのフレーズの主なものについて、具体的な使い方を紹介します。

[CDを活用しよう]

CD 2 CDには「日本語訳」→「英語フレーズ」の順番で、500フレーズすべてが収録されています。音声を真似て、自分でも口に出して何度も練習しましょう。英文の後にポーズが用意されています。

英語の話し方のポイント

英語は日本語と同じように話してもうまく通じません。英語らしく話すと相手に伝わりやすくなります。簡単なコツを３つ紹介します。

① 英語のリズムで話す

　日本語は平板に話す言葉ですが、英語は強弱のリズムをつけて話します。重要な情報は強くはっきりと、重要でない言葉や情報は弱くあいまいに発音されます。

(例) What time do you close? 何時に（お店は）閉まりますか。

　➡ **意図**：timeとcloseを伝えるのが大事。
　　　　　　聞く側もこの２語が聞き取れれば内容は推測できる。

② 短縮と連結を意識する

　会話では短縮形がよく使われます。例えば、I am（＝アイ アム）の短縮形はI'm（＝アイム）です。また、単語を１語１語読まずに、前後の音がつながる現象があります。例えば、Could youは「クッドユー」ではなく、「クジュ」となります。こうした短縮や連結は、CDをよく聞いて、声に出してマネてみましょう。

③ アクセントをつけ、英語らしく

　カタカナ発音だとうまく通じません。例えばsignal（信号）なら、「シグナル」ではなく「**スィ**グナゥ」という感じでsiの部分にアクセントがあります。coffeeは「コーヒー」ではなく、「**カ**フィ」で、oにアクセントがあります。CDを真似してみると、英語らしい音に近づいていくでしょう。

第1章

魔法のフレーズ
1 to 10

be動詞、一般動詞、基本的な代名詞を使うフレーズから始めましょう。I'mフレーズ、I doフレーズ、This isフレーズや、疑問文、否定文のパターンを使って英会話のスタートを切りましょう。

❶ 魔法の I'm 〜フレーズ

I'm full. お腹がいっぱいです。

[主語 + be動詞 + 〜]

ポイント I'm 〜は「私は〜です」という意味で、自分の「状態」を表現するときに使います。I'm 〜はI am 〜の短縮形で、会話では何かを強調するとき以外は短縮形が好んで使われます。

使い方 I'm full.は「満腹だ」という意味で満腹という状態を表していますね。何か食べたい・飲みたいと思ったときのひと言、I'm hungry.（お腹がすいた）やI'm starving.（お腹がへって死にそうだ）、I'm thirsty.（のどが渇いた）も一緒に覚えておきましょう。

　I'm 〜の後にはこのキーフレーズのfull（いっぱいの）のような形容詞以外に、いろいろな語句が続きます。名詞ならI'm an engineer.（私はエンジニアです）、動詞の現在分詞（動詞のing形）ならI'm cooking.（私は料理をしています）、動詞の過去分詞ならI'm lost.（迷ってしまいました）のようになります。I'm in trouble.（困っています）などの＜前置詞＋語句＞が続く形もあります。

I'm full.

Try it out! 会話力9倍増フレーズ

❶ 終日暇だよ。

I'm free all day.

❷ 遅れてゴメン。　※待ち合わせに遅刻したときの第一声

Sorry I'm late.

❸ ホッとしました。

I'm relieved.

❹ 私はエンジニアです。

I'm an engineer.

❺ 迷ってしまいました。　※説明が途中でわからなくなったときにも

I'm lost.

❻ ぼくは君の味方だよ。　※友人が誰かと対立しているときなどに

I'm on your side.

❼ 急いでるんです。　※相手をせかすときに

I'm in a hurry.

❽ 困っています。

I'm in trouble.

❾ ダイエット中なんです。

I'm on a diet.

□ **all day**　一日中　　　　　　□ **relieved**　形 ほっとした
□ **lost**　動 lose（失う）の過去形・過去分詞
□ **on one's side**　～の側で　　□ **in a hurry**　急いで

❷ 魔法の I do 〜フレーズ

I work part time. アルバイトをしています。
［主語 + 一般動詞 + 〜］

ポイント ＜I + 一般動詞＞は「私は〜します」という意味で、自分の「動作」を表します。特に、I play golf.やI get up at six.のように、自分の趣味や習慣的な行動を言うときに使います。

使い方 work part timeは「パートタイム・非常勤で働く」という意味で、work full time（フルタイム・常勤で働く）とセットで覚えておきましょう。ちなみに「アルバイト」は英語ではないので通じなかった経験もあるかもしれません。「アルバイト」は英語でpart-time jobと言います。

workは「働く；勉強する；機能する；（薬が）効く」など多くの意味があります。Don't work too hard!と言われたら、「働きすぎないでね」というよりは「がんばりすぎないでね＝無理しないでね；ほどほどにね」という意味です。

I work part time.

Try it out! 会話力9倍増フレーズ

❶ 私はゴルフをします。
I play golf.

❷ そうだといいな。 ※「希望する」というニュアンス
I hope so.

❸ 脂っこいものが好きなんだ。 ※greasyをほかの語に置き換えて使おう
I like greasy food.

❹ もう1つ必要です。 ※moreの後には名詞が省略されている
I need one more.

❺ 50階に住んでいます。 ※fiftiethはfiftyの形容詞形。発音に注意
I live on the fiftieth floor.

❻ ABC社に勤めています。 ※work forでセット
I work for ABC Company.

❼ 仕方ないか。 ※ほかにチョイスがないときのひと言
I have no choice.

❽ 週に1回来ます。 ※頻度を表す表現をマスター！
I come once a week.

❾ このスケジュールは私の都合に合いません。 ※problem with〜で「〜に関する問題」
I have a problem with this schedule.

□ greasy　形 脂っこい　　　　□ floor　名 階
□ choice　名 選択　　　　　　□ once　副 1回
□ schedule　名 スケジュール

❸ 魔法の He is 〜 フレーズ

He's a good cook. 彼は料理が上手です。

[三人称単数 + be動詞 + 〜]

ポイント ＜He [She] is 〜＞は「彼［彼女］は〜です」という意味です。HeとShe（三人称単数という）に対応するbe動詞はisです。一般動詞は活用に注意。例：I study English. → He studies English. / I have a cat. → She has a cat.

使い方 He is a good 〜は「彼はよい［上手な］〜です」という意味です。ほかに、He's a good person.（彼はいい人だ）、She's a good listener.（彼女は聞き上手です）のように言えます。

また、He's good at cooking.でも同じ意味で使えます。be good at 〜（〜が上手だ）はよく使うイディオムですね。

なお、cookは動詞で「料理する」という意味以外に、名詞で「料理をする人」となります（cookerは調理器具です）。cookは一般人を含む一方、chefはホテルやレストランのプロの料理人を意味します。

He's a good cook.

Try it out! 会話力9倍増フレーズ

❶ 彼はいい人ね。　※personは人物を表す語に置き換えて使おう

He's a good person.

❷ 彼はまあ一種の芸術家ね。　※a kind ofの便利な用法

He's a kind of artist.

❸ 彼女は猫好きです。　※あなたは猫派？　犬派？

She's a cat lover.

❹ 彼は料理が上手です。　※atの後は名詞か動名詞を

He's good at cooking.

❺ 彼、賢いわね。　※smartは「頭がよい；気の利いた」

He's smart.

❻ 彼女、最高に美しいね。

She's absolutely beautiful.

❼ 彼女は仕事で忙しい。　※busy ～ingをセットで覚えよう

She's busy working.

❽ 彼が担当です。　※「～の担当で」はin charge of ～

He's in charge.

❾ 彼は服のセンスがいいいわね。　※clothesの綴りと発音を確認！

He has good taste in clothes.

□person　名人
□smart　形賢い
□in charge　担当して
□clothes　名衣服

□be good at　～が得意だ
□absolutely　副完全に；全く
□taste　名好み

❹ 魔法の This is ～ フレーズ

This is mine. これは私のです。

[This + be動詞 + ～]

ポイント ＜This [That] is ～＞は「これは［あれは］～です」という意味です。Thisは近くの物、Thatは遠くのものを指すときに使いますが、それ以外の意味も見てみましょう。

使い方 This is mine.を使う場面は、例えば 2 人がお互いに似た物を持っていたとき、This is mine. That one is yours.（これは私のです。あっちがあなたのです）と言ったり、誰かが自分の物を取ろうとしていたとき、This is mine!（これは私のよ！）などと言えますね。具体的な物を言うときは、This cake is mine.（このケーキは私のよ）、This is my car.（これがぼくの車です）となります。

Thisのほかの用法として、友人を他人に紹介するとき、This is my friend.や電話でThis is Naomi speaking.など、人を表すときにも使います。また、This is my favorite bar.（ここは私のお気に入りのバーです）のように場所を表すときもThisを使います。

This is mine.

Try it out! 会話力 9 倍増フレーズ

❶ これはメグのです。

This is Meg's.

❷ このケーキは私のよ！　※＜this + 名詞＞の形

This cake is mine!

❸ これは壊れています。

This is broken.

❹ こちらは私の友人です。

This is my friend.

❺（電話で）ナオミですが。

This is Naomi speaking.

❻ それは残念ね。　※That's too bad.とも

That's a shame.

❼ 十分です。　※That's enough!で「いいかげんにして！」の意味も

That's enough.

❽ それで全部です。　※店員にAnything else?（ほかに何か？）と聞かれたときに

That's all.

❾ 無理だよ。　※「できない」のほかに「あり得ない」という意味も

That's impossible.

□ shame　名 残念なこと
□ impossible　形 不可能な；信じがたい

❺ 魔法の It's ～フレーズ

CD ⑥

It's cold, isn't it? 寒いですね。

[It + be動詞 + ～]

ポイント Whose cell phone is this? ― It's mine.（これは誰の携帯電話？－それは私のです）のようにitは話題に出たものについて「それ」という意味もありますが、「天候」「時間」「距離」などを表す特別なitの用法があります。

使い方 日本でもそうですが、欧米でもHi. / How are you?などの挨拶の後に天気の話題になることがあります。「寒いですね」はIt's cold, isn't it?と言います。It'sはIt isの短縮形です。会話ではこのIt'sははっきり聞こえず、Cold, isn't it?に聞こえます。ほかにBoiling, isn't it?（とても暑いですね）/ Lovely day, isn't it?（とてもいい天気ですね）など。

また、このisn't it?のようなものを付加疑問といいますが、「寒いですね」は「質問」ではなく「確認」なので、isn't it?は下げ調子で言います。ネイティブっぽい発音はなかなか難しいですが、何回も発音練習して使いこなせるようになると会話に色がついていいですね。

It's cold, isn't it?

Try it out! 会話力9倍増フレーズ

❶ とてもいい天気ですね。

It's a lovely day, isn't it?

❷ (今日は) 木曜日です。 ※「時」を表すit

It's Thursday.

❸ (今) 3時です。

It's three o'clock.

❹ ここから遠いです。 ※「場所」を表すit

It's a long way from here.

❺ 歩いて10分です。 ※walkをflightやdriveなどに置き換えて使おう

It's a ten-minute walk.

❻ テーブルの上にあるよ。 ※「〜はどこ？」という質問に対して

It's on the table.

❼ あなた次第です。 ※相手に判断を委ねるとき

It's up to you.

❽ 私のせいです。

It's my fault.

❾ 決まりだね。 ※特に金銭関係の話がついたときに

It's a deal.

- □ lovely 形 すばらしい
- □ fault 名 責任；罪
- □ up to 〜次第で
- □ deal 名 取引

話すための英文法 ❶

●動　詞
●主語との対応をチェックしておこう

　動詞にはis、am、areのようなbe動詞と、work、play、haveのような一般動詞があります。動詞の形は主語によって変わります。一般動詞には＜原形 + -(e)s＞の形にできる「規則動詞」と、have → hasのように不規則に変化する「不規則動詞」があります。

●肯定文：主語とbe動詞・一般動詞の関係

主語	主語 + be動詞	主語 + do /does
I (私は)	I am	I do
You (あなたは、あなたたちは)	You are	You do
He ／ She (彼は) (彼女は)	He [She] is	He [She] does
They (彼らは、彼女らは、それらは)	They are	They do
It (それは)	It is	It does
This ／ That (これは) (あれは)	This [That] is	This [That] does

●人称代名詞
●機能によって形が変わる

　人称代名詞は文の中の役割によって形が変わります（格という）。This is my cake.のように名詞の前に置くときは「～の」という所有格に、I know her.のように動詞の目的語になるときは「～を［に］」という目的格になります。

　また、This cake is mine.のmine（私のもの）のようなものを所有代名詞、You can do it yourself.のyourself（あなた自身で）のようなものを再帰代名詞といいます。それぞれの形を下記の表で確認しましょう。

人称代名詞		人称代名詞			所有代名詞	再帰代名詞
		主格 (～は［が］)	所有格 (～の)	目的格 (～を［に］)	(～のもの)	(～自身)
単数	1人称	I	my	me	mine	myself
	2人称	you	your	you	yours	yourself
	3人称	he	his	him	his	himself
		she	her	her	hers	herself
		it	its	it	---	itself
複数	1人称	we	our	us	ours	ourselves
	2人称	you	your	you	yours	yourselves
	3人称	they	their	them	theirs	themselves

話すための英文法 ①

●語 順
●日本語と英語とでは並びが違う

英語に限らず外国語を学習するときの最初の難関は語順でしょう。日本語と異なる部分を理解して（input）、使える（output）ことが重要になります。

日本語の語順	「私は」	「彼を」	「知っている」	「。」
英語の語順	I	know	him	.

日本語では述語は最後ですが、英語では＜主語 + 動詞＞が基本形です。その基本形に何かを加えるには、動詞の後に続けると考えます。

●品 詞
● 英語には８つある

日本語のように英語にも「品詞」があります。名詞・動詞・形容詞・副詞・代名詞・前置詞・接続詞・間投詞の計８つが基本です。英文の組み立てにはこれらは非常に大事なのですが、本書の英文を品詞分析する必要はありません。そのまま覚えて、フレーズ内の語句を別の語句に言い換えてバリエーションを増やすことが本書の目的です。

また、品詞とは別に文の要素──主語・（述語）動詞・目的語・補語──というものがあります。これについては、日本の学習者は何が目的語で何が補語かなどの文構造にこだわる人が多く、その理由の１つとして、それを問われることが多い（多かった）ことが挙げられます。

ですが、前記の＜主語 + 動詞＞の基本形さえ押さえれば、補語の理解などもっと後の段階でよいのです。語順を気にして話せないよりは、どんどん話すことのほうが大事ですね。

● Itの特別用法
● 非人称のItをよく使う

　前に出た話題に対する「それ」以外のitの用法（非人称のit）を確認しましょう。これらの用法ではitは「それ」と訳しません。

［天候・寒暖］
It's raining.（雨が降っていますね）
It's humid today.（今日は蒸しますね）

［時間］
It's September 13.（今日は9月13日です）
It took one hour.（1時間かかりました）

［距離］
It's three miles from here.（ここから3マイルです）

［季節］
It's summer in Australia.（オーストラリアは（今）夏です）

［明暗］
It's getting dark.（暗くなってきたね）

⑥ 魔法の Are you ～? フレーズ

Are you sure? 確かですか？

[be動詞 + 主語 + 形容詞?]

ポイント ＜Are you ～?＞という簡単な疑問文でいろいろなことがたずねられます。～には形容詞のほか、現在分詞、副詞なども使えます。

使い方 Are you sure?は一息で言える簡単フレーズですが、いろいろな場面で使えます。相手がおかしなことやあいまいなことを言ったときにAre you sure?と言えば「確かですか？」「本当？」という感じでしっかり確認ができます。カジュアルな場面で使えば、「マジで？」「本気かよ」というニュアンスにもなります。

さて、Are you ～?フレーズにはさまざまな言葉が続けられますが、形容詞なら Are you ready?（準備できた？）、現在分詞・過去分詞なら Are you listening?（人の話をちゃんと聞いてる？）、Are you married?（結婚してるの？）などを覚えておきたいですね。

Are you sure?

Try it out! 会話力9倍増フレーズ

❶ 本気なの？　※相手の真意を確かめる

Are you serious?

❷ 準備できた？

Are you ready?

❸ もう終わった？

Are you through yet?

❹ 大丈夫？　※相手を気遣う。さまざまな状況で使える

Are you all right?

❺ まだあ？　※遅い相手をせかすときに使おう

Are you coming?

❻ 盛り上がってる？　※パーティーに遅れて行ったときなどに

Are you excited?

❼ 言っていることがわかる？

Are you following me?

❽ 酔っているの？

Are you drunk?

❾ ご注文はお決まりですか。　※接客係のお決まりフレーズ

Are you being served?

□ serious　形 真剣な；深刻な　　□ through　副 終わって
□ excited　形 盛り上がった；興奮した　□ follow　動 ついていく
□ serve　動 給仕をする

❼ 魔法の **Do you ～?** フレーズ

Do you drink? お酒を飲みますか。

[Do + 主語 + 一般動詞?]

ポイント ＜Do you ～?フレーズ＞は相手の行動・動作などをたずねるのに便利な表現です。後ろには＜動詞 + ～＞を続けます。

使い方 キーフレーズのようにDo you drink?と言えば「お酒を飲みますか」、Do you cook?なら「料理をしますか」となり、初めて会った人やつき合いの浅い人の生活スタイルを聞くのに使えます。こういう簡単なやりとりで親交を深めていくことができます。

お店で買い物をするときにはDo you accept credit cards?（クレジットカードを受け付けますか［＝使えますか］）、相手の意見を確認するにはDo you agree with me?（私に賛成ですか）のように使います。

相手は基本的にYes / Noで答えてくれますからわかりやすく、会話のキャッチボールの基本になるフレーズの1つです。

Do you drink?

Try it out! 会話力9倍増フレーズ

❶ 料理をしますか。

Do you cook?

❷ 運転をしますか。

Do you drive?

❸ 配送をしていますか。　※デリバリーサービスの有無を確認するとき

Do you deliver?

❹ 日本語を話しますか。　※Japaneseは置き換え可能

Do you speak Japanese?

❺ 私に賛成ですか。　※意見への賛否を確認する

Do you agree with me?

❻ 今晩、予定はありますか。　※人を誘うときに

Do you have any plans tonight?

❼ もう少し安いものはありますか。　※oneは買おうとしている商品

Do you have a cheaper one?

❽ クレジットカードは使えますか。　※お店で支払いのときに

Do you accept credit cards?

❾ 中華料理は好きですか。　※Chineseは置き換えて使おう

Do you like Chinese food?

□ deliver　動 配送する
□ plan　名 計画；予定
□ agree with　～に同意する
□ accept　動 受け入れる

❽ 魔法の **I don't 〜** フレーズ

I don't like onions.

[主語 + don't + 一般動詞 + 〜]
タマネギは嫌いです。

ポイント ＜I don't（＝do not）〜＞は〜に動詞の原形を続けて、「自分の行動・動作を否定」します。「私は〜しません」という意味ですね。don'tフレーズは日常会話では、「自分」のことを言うことが多いので、I don'tで練習しておきましょう。

使い方 キーフレーズの I don't like 〜は付き合いの浅い相手に自分の好みを伝えるのに便利な表現です。食事をするときには嫌いなものを伝えておくと相手も安心します。onionsのところは、spinach（ホウレンソウ）、raw fish（生魚）、dairy products（乳製品）などと言い換えて使ってください。

また、ベジタリアンなら I don't eat meat. と言ってもわかってもらえますよ。

I don't feel good. は旅先で気分が悪くなったときに使えるサバイバル表現の１つです。機内なら客室乗務員の人が介抱してくれるでしょうし、ホテルなら薬を用意してくれるでしょう。

don'tは、heやsheなど三人称単数の場合にはdoesn'tになり、過去の場合にはdidn'tになります。

Try it out! 会話力9倍増フレーズ

❶ 肉は食べません。

I don't eat meat.

❷ わかりません。

I don't understand it.

❸ かまいませんよ。 ※気にしていないことを伝える

I don't care.

❹ 時間がありません。 ※誘いを断るときにも使えそう

I don't have time.

❺ 気分がよくありません。

I don't feel good.

❻ そういう意味ではありません。 ※相手が誤解したとき

I don't mean it.

❼ もうけっこうです。 ※相手の勧めを断るとき

I don't need any more.

❽ 覚えていませんね。

I don't remember.

❾ 賛成できません。 ※賛否ははっきりと伝えたい

I don't agree with you.

☐ meat　名 肉
☐ feel good　気分がいい
☐ care　動 気にする
☐ remember　動 覚えている；思い出す

❾ 魔法の **We / They** フレーズ

We're working together.

[We + be動詞 + 動詞のing形 + 〜]
私たちは一緒に働いています。

ポイント Weはもちろん「私たち」ですが、日常会話では家族や会社の同僚、旅行や食事に行くときのグループとして使うケースが多いと思います。Theyは会話で話題になっている人たちを指して使うのが一般的です。

使い方 We're working together.は初対面の相手に、自分たちが一緒に働いていることを説明するフレーズです。同僚同士、上司・部下の関係のどちらでも使えます。

We're from Japan.（私たちは日本から来ました）は出身地を言うのに必須のフレーズです。細かい場所を言いたいなら、JapanをTokyo、Kyoto、Fukuokaなどに入れ換えましょう。

They're one of our competitors.（彼らは私たちの競合相手です）はビジネスの会話で使える表現です。They're like cats and dogs.（彼らは犬猿の仲です）はうわさ話で重宝しそうです。「犬猿の仲」が英語では「猫犬の仲」となるのが面白いですね。

Theyは指すものを特定しない用法があります。They sayとすれば「〜と（一般に）言われている」という意味です（☞フレーズ9参照）。

Try it out! 会話力9倍増フレーズ

❶ 私たちは日本から来ました。　※旅行先で出身国を聞かれて

We're from Japan.

❷ もうすぐそちらに着きます。　※電話で少し遅れていることを知らせる

We're almost there.

❸ 私たちは今、休暇中です。

We're on vacation now.

❹ 私たちはその会社の社員です。　※商談の自己紹介で

We're working for the company.

❺ 彼らは競合相手です。

They're one of our competitors.

❻ 彼らは双子です。

They're twins.

❼ 彼らは犬猿の仲です。　※人のうわさ話に

They're like cats and dogs.

❽ 彼らは7月に赤ちゃんが産まれます。

They're expecting a baby in July.

❾ 金利が上がるそうです。　※they は不特定の人々を指す

They say interest rates will go up.

□ vacation　名 休暇
□ twins　名 双子
□ interest rates　金利
□ competitor　名 競争相手
□ expect a baby　赤ちゃんができる

⑩ 魔法の There is [are] フレーズ

There are a lot of temples in Kyoto.

[There + be動詞 + 主語 + 〜]
京都にはたくさんのお寺があります。

ポイント ＜There is / are 〜＞フレーズは「何かがある」ことを表します。be動詞の後ろに続く名詞が「実質的な主語」で、単数であればbe動詞はis、複数ならareになります。未来のことならwill be、過去ならwasまたはwereです。

使い方 There are a lot of temples.なら「たくさんの寺がある」ですが、実際にはどこにあるのかを一緒に示すことが多く、例えばin Kyoto（京都に）などの要素が続きます。このキーフレーズは土地や街の紹介にも使えます。There are hot springs in my hometown.（私の故郷の町には温泉があります）というように。

「場所」以外にも、「対象」「時間」を特定する言葉が続くこともあります。There is a phone call for you.なら「あなたに」という対象が、There will be showers this evening.（夕方にはにわか雨があるでしょう）なら「夕刻に」という時間が特定されることになります。

もちろん、こうした付随的な要素がなくても間に合う場合にはThere is one condition.（1つ条件があります）のように言えます。このケースでは、「この話し合いには」や「この契約には」などが暗黙の了解事項になっていると考えられます。

Try it out! 会話力9倍増フレーズ

❶ シャツに染みがありますよ。
There is a stain on your shirt.

❷ あなたに伝言があります。 ※外出から帰ってきた人に
There is a message for you.

❸ お電話です。 ※会社でこのフレーズのまま使える
There is a phone call for you.

❹ このあたりにいいレストランがあります。
There is a good restaurant near here.

❺ 湖に白鳥がいますね。
There are swans on the lake.

❻ 1つ条件があります。 ※約束や取引のときに使えそう
There is one condition.

❼ 冷蔵庫にビールがありますよ。 ※疲れて帰ってきたパートナーに
There is beer in the fridge.

❽ それにはリスクがありますよ。 ※投資やビジネスの会話で
There is a risk of it.

❾ 事故があったのですか。
Has there been an accident?

□ stain 名 染み □ message 名 伝言
□ condition 名 条件 □ fridge (=refrigerator) 名 冷蔵庫
□ risk 名 危険；リスク

話すための英文法 ❷

● 疑問文・否定文
● 感覚的に話せるように練習しておこう

　会話では疑問文と否定文は、自然に口をついて出てくる必要があります。ただ、慣れないうちは話す前にほんの少し間があってもかまいません。相手があなたの英語力がどれくらいかわからないケースでは、不寛容な人でなければ待ってくれるはずです。

● be動詞・do/doesを使いこなす

　疑問文・否定文を話すときにはbe動詞・助動詞do/doesを使わなければなりません。基本的な事項ですが、念のため確認しておきましょう（☞右ページ参照）。

　I speak Japanese.（私は日本語を話します）という肯定文を、否定文・疑問文にしてみます。

① 否定文のつくり方

　speakは一般動詞で主語は一人称なので、助動詞doの否定形のdon'tをspeakの前に置きます。

I don't speak Japanese.（私は日本語を話しません）

② 疑問文のつくり方

　助動詞のdoを文頭に出して、文末を上げ調子で読むだけです。

Do you speak Japanese?（あなたは日本語を話しますか）

　主語とbe動詞・do/doesの関係は中学で学ぶ基本事項なので、そんなことをいまさらと思う人が多いと思います。しかし、実際に話すときには、間違ってしまうことがあります。ですから、主語に合わせて、それに合ったbe動詞・助動詞を感覚的に言えるようにしておく必要があります。それには、何度も自分で言ってみることです。

否定文：主語とbe動詞・do/doesの関係

主　語	主語 + be動詞	主語 + do /does
I	I'm not	I don't
You	You aren't You're not	You don't
He, She, 単数主語	He / She isn't He's not / She's not	He / She doesn't
We, They, 複数主語	We / They aren't We're not / They're not	We / They don't

※過去形はwasn't / weren't、didn't。

疑問文：主語とbe動詞・do/doesの関係

主　語	主語 + be動詞	主語 + do /does
I	Am I	Do I
You	Are you	Do you
She, He, 単数主語	Is he / she	Does he / she
We, They, 複数主語	Are we / they	Do we / they

※過去形はwas / were、didを主語の前に出す。

話すための英文法 ❷

●notをはっきりと言おう

否定文の場合は、短縮形が使われるのがふつうです。I am not → I'm not、You are not → You aren't / You're not、She does not → She doesn'tというように。

よく使う短縮形で練習しておくようにしましょう。なお、「私は決して〜ではないですよ」と否定を強調するときには、I'm notではなくI am notの形を用います。

否定文を話すときに大切なのは、notの部分をしっかりと発音することです。ここをあいまいに小さな声で言ってしまうと、相手に肯定文と受け取られてしまうことがあります。否定と肯定が逆になってしまうと、コミュニケーションに支障が生じてしまいますから気をつけましょう。

●簡易疑問文も使える

疑問文はbe動詞・do/doesを主語の前にもってくるだけですが、さらに簡単な簡易疑問文というものがあります。これはふつうの肯定文の文末を上げ調子で読むだけです。

The train will come soon.なら、語尾を下げ調子で読めば「電車はすぐに来ます」ですが、語尾を上げ調子にしてThe train will come soon?とすれば「電車はすぐに来ますよね？」と立派な疑問文になります。すべてこの形にするのもどうかと思いますが、慣れないうちや語順を変えるのが面倒と思ったときには使ってみてはいかがでしょうか。

第2章

魔法のフレーズ
11 to 20

疑問詞を使った疑問文は具体的なことを聞くのにとても便利です。4つの疑問詞を使った疑問文パターンのほか、勧誘・依頼・許可などの会話でゼッタイ必要なフレーズの練習をしましょう。

⑪ 魔法のWhat〜?フレーズ

What's wrong? どうしたの？

[What + be動詞 + 〜?]

ポイント Whatは「何が」や「何を」という意味の「疑問詞」です。What happened to him?（彼に何があったの？）[Whatは主語] や What did you buy?（何を買ったの？）[Whatは目的語] のように使います。疑問詞の後はdid you buyのように、疑問文の語順を続けます。

使い方 言葉や文化は違えど相手が悩んでいたり辛そうなときはひと声かけたいものです。What's wrong?は相手を心配して声をかけるときの表現です。同様の意味合いで、What's the matter (with you)? / What's the problem?とも言います。Are you OK? / Are you all right?（大丈夫？）、You look down.（元気ないね）も一緒に覚えておくとよいでしょう。

What's up?は同様に「どうしたの？」という意味ですが、単に挨拶として「元気？」という意味もあります。

What's wrong?

Try it out! 会話力倍増フレーズ

❶ 何があったの？
What happened?

❷ 何事？
What's going on?

❸ 次の停留所はどこ？ ※Whatは場所も表す
What's the next stop?

❹ 電話番号は何番ですか。
What's your phone number?

❺ 好きなワインは何ですか。
What's your favorite wine?

❻ 違いは何ですか。 ※2択の場合はdifference between A and Bで
What's the difference?

❼ どう思いますか？ ※意見を聞くときの定番
What do you think?

❽ 何を買ったのですか。
What did you buy?

❾ どうしたらいいの？
What should I do?

□ happen　動 起こる　　　　　□ favorite　形 お気に入りの
□ difference　名 違い

⑫ 魔法の How ～? フレーズ

How are you doing? 元気?

[How + be動詞 + 主語 + ～?]

ポイント このHowはbe動詞を続けて「状態や具合」をたずねています。How's your business going?だと「仕事の調子はどう?」です。Howはほかに「感想」「方法」「交通手段」など広い意味を問えます。

使い方 How are you doing?は「元気? 調子はどう?」という典型的な挨拶です。単にHow are you?とも言いますね。ほかに、How's everything? / How are things?などバリエーション豊かです。具体的なことを指して「どう? 順調?」と聞くときはHow's it going?が便利です。

「感想」を聞くときのHow was your holiday?(休暇はどうでしたか)、「方法」を聞くHow did you get it?(どうやって手に入れたの?)、「交通手段」を聞くHow do you get to work?(通勤手段は何ですか) などを基本として覚えておくといいでしょう。

How are you doing?

Try it out! 会話力9倍増フレーズ

❶ ご家族はお元気ですか。

How's your family?

❷ 新しい家はどう？ ※引っ越しした相手に

How's your new place?

❸ 仕事の方はどう？

How's your business going?

❹ どうだった？ ※itをいろいろな語句に置き換えて応用しよう

How was it?

❺ 通勤手段は何ですか。 ※応答はBy train. / By car. / I walk.など

How do you get to work?

❻ どんな味？

How does it taste?

❼ （服装など）これでいいかしら。

How do I look?

❽ どうやって手に入れたの？

How did you get it?

❾ それはどうですか？ ※How do you like ～?で感想を聞く。

How do you like it?

- □ work　名 職場
- □ taste　動（形容詞を続けて）～な味がする
- □ look　動（形容詞を続けて）～に見える

⓭ 魔法の Where 〜? フレーズ

Where are you from? ご出身は？

[Where + be動詞 + 主語 + 〜?]

ポイント Whereは「場所」をたずねる疑問詞で、「どこに」、「どこで、どこへ」という意味です。Where is my key?（私の鍵はどこにありますか）や、Where did you find it?（どこで見つけたの？）のように使います。

使い方 外国人との交流の場での定番の質問ですね。こう聞かれたら、I'm from Japan. / I'm from Tokyo.など、出身国または出身地を答えます。生まれを言う場合は、I was born in Kyushu.（九州の生まれです）となります。

日本国内の会話なら、相手が自分を日本人だとわかっている場合が多いので、もうひと言加えてみましょう。例えば、I was born in Osaka but grew up in Kyoto.（生まれは大阪、育ちは京都です）と言えば、大阪と京都の2カ所の話題に結びつきますね。grow upは「成長する」という意味です。なお、bring upは「育てる」という意味で、I was brought up by my grandmother.（祖母に育てられました）のように受け身で使います。

Where are you from?

Try it out! 会話力9倍増フレーズ

❶ ぼくの鍵はどこ？
Where's my key?

❷ 靴売り場はどこですか。　※このshoeは単数で
Where's the shoe section?

❸ 一番近い土産物屋はどこですか。
Where's the nearest souvenir shop?

❹ ここはどこ？　※Where is here?ではありません
Where am I?

❺ 支払いはどこですか。
Where do I pay?

❻ どこで待ち合わせましょうか。
Where shall we meet?

❼ どこで電車を乗り換えたらいいですか。　※trainsはbusesなどに置き換えて
Where do I change trains?

❽ 日本語はどこで学んだのですか。　※相手の日本語を褒めるときのきっかけに
Where did you learn Japanese?

❾ ビールはどこで買えますか。
Where can I buy beer?

□ shoe section　靴売り場　　　□ souvenir　名 土産
□ change　動（乗り物を）乗り換える

⑭ 魔法の When 〜? フレーズ

When are you available? いつが空いていますか？
[When + be動詞 + 主語 + 〜?]

ポイント Whenは「時」をたずねる疑問詞です。具体的に「時刻」をたずねるときはWhat time（☞p.54参照）を、「曜日」をたずねるときはWhat day、「日にち」をたずねるときはWhat dateを使いましょう。

使い方 When are you available?は面会や打ち合わせなど、相手の都合のよい「時」をたずねる表現です。こう聞かれたら、How about at four o'clock?（4時はいかがですか）、Anytime on Friday will be fine.（金曜日ならいつでもいいですよ）のように答えます。ほかにWhen is (it) convenient for you?もややフォーマルな表現です。カジュアルな言い方ではWhen is a good time for you?や単にWhen are you free?で十分です。

availableはよく使う単語です。キーフレーズでは人を主語にして「手が空いている」という意味です。物を主語にして「利用できる」という意味でもThere are no rooms available.（空き部屋がない）のようによく使います。

When are you available?

Try it out! 会話力9倍増フレーズ

❶ いつが暇ですか。

When are you free?

❷ 誕生日はいつですか。

When is your birthday?

❸ 次のバスはいつ（出発）ですか。

When is the next bus?

❹ いつ来られる？　※When can I come over? は「いつそちらに行けばいいですか」

When can you come over?

❺ いつから痛いの？　※「いつから」はstartを使うとよい

When did the pain start?

❻ パートナーと出会ったのはいつ？　※カップルのなれそめを聞く。Howも使える

When did you meet your partner?

❼ それはいつまでに必要ですか。　※業務の納期を知りたいときに

When do you need it by?

❽ いつ、どこで？　※未来でも過去でも使える

When and where?

❾ いつごろ？　※返事はおおよそでいいとき

About when?

☐ pain　名 痛み　　　　　　　☐ partner　名 パートナー；つれあい
☐ by　前 ～までに

⑮ 魔法の What / How ~? フレーズ

What time do you close?

[What + 名詞 + do + 主語 + 動詞の原形?]
何時に閉まりますか。

ポイント ＜What + 名詞＞の形です。What number?なら「何番？」、What floor?なら「何階？」、「種類」を聞くときはWhat kind of dog is it?（何という種類の犬？）のようになります。同様に、＜How + 形容詞 / 副詞＞も見ておきましょう。How manyなら「数」を、How muchなら「量・程度・値段」を、How oftenなら「頻度」を聞きます。

使い方 海外のお店は営業時間が日本のように規則的ではなく、店主気ままの場合がありますね。買い物中よさそうなお店に立ち寄ったものの、後でもう一度戻ってきたいとき、What time do you close?と聞いてみましょう。朝一番でまだ準備中の様子のときは、What time do you open?（何時に開きますか）となります。この場合、主語youは話し相手の店を指します。

このopenやcloseは動詞ですが、開いている・閉まっているという「状態」を表すときは形容詞open, closedを使います。例：It is open from nine to five.（営業時間は9時から5時です）

Try it out! 会話力9倍増フレーズ

❶ それは何色ですか。

What color is it?

❷ 今日は何曜日ですか。

What day is it today?

❸ どんな種類のツアーがありますか。

What kind of tours are there?

❹ 息子さんはおいくつですか。　※年齢の話題はTPOに気をつけて

How old is your son?

❺ フェリーはどのくらいの頻度で来ますか。

How often does the ferry come?

❻ 何人来るの？　※＜How many + 可算名詞＞でセット

How many people are coming?

❼ 砂糖はどれくらいいる？　※＜How much + 不可算名詞＞でセット

How much sugar do you want?

❽ 博物館までどのくらい（距離が）ありますか。　※museumの発音を確認

How far is it to the museum?

❾ 上映時間はどのくらいですか。

How long is the show?

□ tour　名 ツアー　　　　　　　　□ ferry　名 フェリー
□ museum　名 博物館；美術館　　　□ show　名 ショー；映画

UNIT 11-20

● 疑問詞
● 具体的なことを聞く会話の必須アイテム

ここでは本編で取り上げたWhat、How、Where、When以外に、Who、Whose、Why、Whichを補足しておきます。

● 疑問詞で会話が生きたものに

疑問詞が制覇できたら基本会話の4割くらいは大丈夫と言っても過言ではないでしょう。その理由は、疑問詞はYes / Noの答えではなく、具体的な内容のある答えを引き出すことによってさまざまなことを相手に聞けるからです。

時制や語句、語順などは多少言い間違えても話の流れで相手は「ああ、こういうことが言いたいのかな」と汲み取ってくれる可能性があります。しかし疑問詞はその疑問詞にあった応答があり、Whoなら人物、Whereなら場所のように答えの範囲が決まっていますので、正確に使わないと期待通りの返事が返ってきません。

また聞く側の場合も、相手の質問の疑問詞を聞き違えると、見当違いの返事をする羽目になってしまいます。まずWH疑問文とその応答例をまとめておきましょう。

What（何）　モノやコトを答える

What did you eat? — Curry and rice.
（何を食べたの？－カレーライスです）　**（モノ）**

What happened to her? — She failed an exam.
（彼女に何があったの？－試験に落ちたんだよ）　**（コト）**

Where (どこ)　場所を答える

Where did you have lunch? — At Mos Burger.
(お昼はどこで食べたの？ －モスバーガーだよ)

When (いつ)　時を答える

When did you meet your partner? — About ten years ago.
(彼女とはいつ出会ったの？ －10年ほど前だよ)

Who (だれ)　人物を答える

Who wrote this book? — My fiancé did.
(この本は誰が書いたの？ －私の婚約者よ)

注 答え方がポイント。

Whose (だれの)　所有者を答える

Whose shampoo is this? — It's my dog's.
(これは誰のシャンプー？ －うちの犬のだよ)

注 ＜Whose + 名詞＞の形で覚えておく。

Why (なぜ)　理由・目的を答える

Why did you quit your job? — I found a better one.
(なぜ仕事を辞めたの？ －もっといいのが見つかったんだ)

注 Why ～？と聞かれたら、Becauseで答えてもよい。

話すための英文法 ❸

Which（どちら；どの）　選択肢（範囲）から選ぶ

Which would you like, tea or coffee? — I'd like tea, thanks.
（紅茶かコーヒーのどちらがよろしいですか－紅茶をいただきます、ありがとう）

> 注 Which do you like better, tea or coffee?（紅茶とコーヒーではどちらがお好きですか）は紅茶派かコーヒー派か、その人の嗜好を聞いています。一方、上の英文は飲み物を勧める場面です。

Which team do you like? — I like Barça.
（お好きなチームは？－バルサが好きです）

> 注 選択肢（範囲）が限定されているならWhichは3択以上でも使います。上記では特定のサッカーチームが話者間で認識されている場合ですね。ほかにも、お店で店員が5種類の色のTシャツを見せてくれたとします。その場面では「（この中では）どの色がいいですか」なのでWhich color would you like?とWhichが使えます。

How（どう；どのように）　多様な質問ができる

【状態や具合】

How's your new job? — Not bad.
（新しい仕事はどう？－まあまあね）

How are your parents? — They're fine.
（ご両親はお元気？－元気です）

【感想】

How was the TOEIC test? — Terrible.
（TOEICはどうだった？－最悪）

[方法]

How did you get the coupon? — I found it on the street.

(そのクーポン、どうやって手に入れたの？ − 道で拾ったんだ)

[交通手段]

How did you get there? — I took a taxi.

(どうやってそこに行ったの？ − タクシーで)

● What + 名詞 / How + 形容詞・副詞 〜?

- **What time?** → 何時？
- **What day?** → 何曜日？
- **What date?** → 何日？
  注 日にちを聞くときは、What's the date (today)? となります。
- **What number?** → 何番？
- **What color?** → 何色？
- **What kind of 〜?** → 何の種類？

- **How many + 可算名詞?** → 数
  注 ただし、会話では話者間で何のことか認識されていることがほとんどなので、名詞は省略します。
  How much (△ money) do you have?
  (いくらあるかな？) → 話題はお金
  How many (△ eggs) do you need?
  (何個いる？) → 話題は卵
- **How much + 不可算名詞?** → 量・程度・金額
- **How far?** → 距離
- **How old?** → 年齢・築年数
- **How long?** → 期間・モノの（物理的）長さ

59

⓰ 魔法の How about ～? フレーズ

How about you? あなたはどう？
[How about + ～?]

ポイント How about ～?（～はどうですか）は会話で相手の意見を聞くときの最もメジャーな表現の１つです。What about ～?と言うこともできます。

使い方 How about you?は「あなたはどうなの？」「あなたはどうする？」など、いろいろな意味になります。挨拶で、How are you? ― Pretty good. How about you?（元気？－元気だよ。君は？）のようにも使います。

How about ～?は重要な「勧誘・提案」表現でもあり、あとにいろいろな語句が続けられます。買い物で服を選んでいる相手に→How about this color?（この色はどう？）、スケジュール調整で→How about tomorrow?（明日はどう？）のように使います。

動詞のing形を使うHow about ～ing?は「～するのはどうですか」という意味になり、How about asking him?だと「彼に聞いてみたら？」となりますね。

How about you?

Try it out! 会話力9倍増フレーズ

❶ 明日はどう？　※「いつにする？」と聞かれたとき

How about tomorrow?

❷ 今は？

How about now?

❸ 4時はどう？

How about 4 o'clock?

❹ これはどう？　※手に持っているものや目の前にあるものについて

How about this one?

❺ 一杯どう？

How about a drink?

❻ この色はどう？

How about this color?

❼ 彼に聞いてみたら？

How about asking him?

❽ 今夜は外食しない？

How about eating out tonight?

❾ それについては今話しませんか．　※How about we ～?の形もある

How about we talk about it now?

□ ask　動 たずねる　　　　□ eat out　外食する

⓱ 魔法の Could you ～? フレーズ

Could you help me? 手伝っていただけませんか。

[Could you + 動詞の原形 + ～?]

ポイント Could you ～?は「～していただけませんか」という「依頼」表現です。Would you ～?という表現もあります。親しい友人同士ではCan you ～?（～してくれる？）でもいいですが、まずはCould you ～?をマスターしましょう。

使い方 Could you help me?は手伝ってほしいときのひと言ですが、もう少し具体的に、例えば旅行先で荷物を運んでほしいときは、Could you help me carry my luggage?になります。

カジュアルな場面では、例えば家族同士や友人、親しい同僚に「ドアを閉めてくれない？」と頼むときはCan you close the door?ですね。

一方、上司や英語の先生などに英文をチェックしてもらいたいとします。Please correct my English. / Can you correct my English?ではなく、Could you correct my English, please?がいいですね。

Could you help me?

Try it out! 会話力倍増フレーズ

❶ 荷物を運ぶのを手伝ってもらえませんか。
Could you help me carry my luggage?

❷ このレポートを手伝ってもらえませんか。
Could you help me with this report?

❸ しょうゆをとってもらえませんか。
Could you pass me the soy sauce?

❹ そこへの行き方を教えていただけませんか。
Could you tell me how to get there?

❺ テーブルを片づけてもらえますか。 ※レストランで店員に
Could you clear the table, please?

❻ メールで送ってもらえますか。 ※itは資料、写真などの添付物を指す
Could you send it by e-mail?

❼ 空港で拾っていただけませんか。
Could you pick me up at the airport?

❽ ドアを閉めてくれない？
Can you close the door?

❾ あと5分待って。 ※「まだぁ？」と待っている友人に
Can you wait five more minutes?

□ luggage 名 荷物
□ pass 動 (手) 渡す
□ clear 動 片づける
□ report 名 報告 (書)
□ soy sauce しょうゆ
□ pick ~ up ~を (車で) 迎えに行く

⑱ 魔法の **May I ～?** フレーズ

May I help you? いらっしゃいませ。

[May I + 動詞の原形 + ～?]

ポイント お店で店員が「何かお探しですか」と声をかける決まり文句ですね。「いらっしゃいませ」には Can I help you? / How can I help you? / What can I do for you? などのいろいろなバリエーションがあります。

使い方 May I help you? は「いらっしゃいませ」以外に、会社などの受付または電話で、(This is) ABC Corporation, may I help you? と言われれば「ご用件は？」ということです。

May I ～? は「～してもいいですか」という「許可」表現で、May I ask you a question?（質問してもいいですか）のように使います。

Can I ～? も同じ許可表現ですが、May I ～? よりカジュアルな印象です。親しい友人同士の気軽な会話なら、Can I borrow your pen?（ペンを貸して？）のように、May I ～? よりも Can I ～? のほうが自然ですね。

Could I ～? という表現もあります。例えば、忙しそうな上司に「ちょっと今よろしいでしょうか」と（遠慮がちに）言うときは、Could I have a word with you, please? のように Could と please をセットで使うとよいでしょう。

Try it out! 会話力9倍増フレーズ

❶ 質問してもいいですか。

May I ask you a question?

❷ ちょっといいですか。　※会議などで意見を言いたいときに

May I say something?

❸ トイレをお借りしていいですか。　※自分が客の時はこの表現を

May I use the bathroom?

❹（電話で）テイラーさんをお願いします。

May I speak to Mr. Taylor, please?

❺ お水を1杯いただけますか。　※レストランでもお邪魔したお宅でも

May I have a glass of water?

❻ お名前をお願いします。

May I have your name, please?

❼ ちょっとお願いがあるのですが。

Can I ask you a favor?

❽ ペンを貸して？

Can I borrow your pen?

❾ 伝言をお願いできますか。　※「伝言はありますか」ならCan I take a message?

Can I leave a message?

□ bathroom　名 トイレ；浴室　　□ a glass of　コップ1杯の〜
□ favor　名 親切な行為　　□ leave　動 残す

⑲ 魔法の Would you like (to) 〜? フレーズ

Would you like to come with me?

[Would you like to + 動詞の原形 + 〜?]
一緒に来ませんか。

ポイント Would you like to 〜?は「〜しませんか；〜したいですか」という「勧誘」表現です。toの後には動詞の原形がきます。Why don't you 〜?も相手を誘う表現としてよく使います。

使い方 Would you like to come with me?と誘われたら、Yes, I'd love to.（ええ、ぜひ）など、ダメなときはSorry, I can't. +（理由）や、I'd love to, but +（理由）などで返します。

Would you like 〜?は「〜はいかがですか」と相手にモノやコトを勧める表現です。ただし、例えば相手にコーヒーを勧めるときは、Would you like to have some coffee?よりも、Would you like a coffee?のほうが短くてスマートですね。英語の会話ではより短く、よりシンプルな表現が好まれます。

なお、Would you 〜?は「〜してくれませんか」という「依頼」表現なので、同じWould youで始まる疑問文と区別しましょう。

Would you like to come with me?

Try it out! 会話力9倍増フレーズ

❶ 一緒にどうですか。

Would you like to join us?

❷ 試着されますか。

Would you like to try it on?

❸ それはお持ちになりますか。　※保管するか処分するかなどの場面で

Would you like to keep it?

❹ 1ついかがですか。　※oneは数えられる名詞の代わりに

Would you like one?

❺ もう少しいかがですか。　※littleは数えられない名詞とともに

Would you like a little more?

❻ コーヒーはいかがですか。

Would you like a coffee?

❼ 何をお飲みになりますか。

What would you like to drink?

❽ 夕食は何がいいですか。

What would you like for dinner?

❾ 卵（の調理方法）はどのようにされますか。　※ほかにsteakやcoffeeなどにも

How would you like your eggs?

□ join　動 参加する；合流する　　□ try ~ on　~を試着する
□ a little　（不可算名詞とセットで）少しの

⑳ 魔法の **I'd like (to)** ～フレーズ

I'd like an aisle seat, please.

[I would like + 名詞 + ～]
通路側の席をお願いします。

ポイント I'd like ～（I'dはI wouldの短縮形）は何かがほしいときや注文するときなどに、「～をお願いします；～をください」という基本表現です。I want ～も「～がほしい」という意味ですが、公共の場や大人の会話では通常I want ～ではなくI'd like ～を使います。

使い方 チェックインカウンターで飛行機や列車の座席を選ぶときの表現ですね。aisle[áil]の発音を確認しましょう。「窓側」がよければ、I'd like a window seat, please.となります。

レストランでMay I take your order? / What would you like?と注文を聞かれたら、I'd like a coffee, please.（コーヒーをお願いします）のように答えます。I'll have [take] a coffee.や、少々ぶっきらぼうですが単にCoffee, please.でも大丈夫です。

飲み物はa cup of coffeeやa glass of waterと言うこともありますが、会話では単に(a) coffeeと言うことが多く、ビールならTwo beers, please.で十分です。

なお、I'd like to ～は「～したいです」という意味です。

Try it out! 会話力9倍増フレーズ

❶ コーヒーをお願いします。
I'd like a coffee, please.

❷ 小さい方をお願いします。　※何かと比較して
I'd like a smaller one.

❸ 3つお願いします。　※数を聞かれたら…
I'd like three of them.

❹ 2人分の席をお願いします。
I'd like a table for two, please.

❺ 明日のチケットを2枚お願いします。
I'd like two tickets for tomorrow.

❻ 上から3つめのものをお願いします。　※topはbottom, right, leftに置き換えて応用
I'd like the third one from the top.

❼ これを日本に送りたいのですが。
I'd like to send this to Japan.

❽ 円をユーロに換えたいのですが。　※両替所で
I'd like to exchange some yen for euros.

❾ 予約したいのですが。
I'd like to make a reservation.

□ smaller　形 smallの比較級　　□ exchange A for B　AをBに換える
□ make a reservation　予約する

UNIT 11-20

話すための英文法 ❹

● 会話表現
● 必携の定番フレーズを覚えよう

依頼・許可・勧誘・提案・申し出は、会話の基本的な機能であり、使う機会もたくさんあります。基本的な応答の仕方といっしょに確認しておきましょう。

・依頼：「〜していただけませんか」
Could you 〜? / Would you 〜?

よりカジュアル Can you 〜? / Will you 〜?（未来のwillと区別）

応答例 受け入れるとき： Sure. / Of course. / Why not? / No problem. / My pleasure. / I'd love to.
断るとき： I'd love to, but ... / I'm sorry, but ... / I'm afraid I can't.

・許可：「〜してもいいですか」
May I 〜?

よりカジュアル Can I 〜?　　**よりフォーマル** Could I 〜?

応答例 Yes, you can. / Sure. / Of course. / Go ahead.

・勧誘：「〜しませんか」
Would you like to 〜? / How about 〜ing? / Why don't we 〜?

Why don't we go to the movies this Sunday?
（今度の日曜日、映画に行きませんか）

- 提案:「～してはどうですか」
  Why don't you ～? / How about ～ing?
  　Why don't you ask him?(彼に聞いたらどうですか)

  > **応答例** OK. / All right. [Alright] / That sounds nice. /
  > That's a good idea.

- 申し出:「～しましょうか」
  Shall I ～?
  　Shall I bring some coffee for you?(コーヒーをお持ちしましょうか)

  > **応答例** Yes, please. / Thank you. / It's very kind of you.

● **聞き返す**

相手の言ったことを「聞き返す」表現は意外とたくさんあります。「依頼」表現の応用として、聞き返す表現をジャンル別にまとめておきました。頭の引き出しに入れていつでも取り出せるようにしておきましょう。

- 短いひと言
  (Beg your) pardon? / Sorry? / Excuse me?
  (何とおっしゃいました?)

  What? / What did you say? (何て?)

- もう一度同じことを言ってほしいとき
  Could you say that again? / Could you repeat that, please? (I didn't catch what you said.)
  (もう一度言っていただけませんか。(何と言ったか聞き取れませんでした))

話すための英文法 ❹

- 理解できなかったとき
  Could you explain what you mean? (**I don't understand**.)
  (どういう意味か説明していただけますか。(理解できません))

- (電話で、相手の声が小さいなどで) 聞こえなかったとき
  Could you speak a little louder? (**I can't hear** you.)
  (もう少し大きい声で話していただけますか。(聞こえません))

- ゆっくり話してほしいとき
  Could you speak more slowly?
  (もっとゆっくり話していただけませんか)

- 相手の言った特定の単語や表現の意味が知りたいとき
  What does that mean? (それはどういう意味ですか)

- (意味はわかった上で) もう少し詳しく聞きたいとき
  Could you tell me more about it?
  (もっと詳しく話していただけませんか)

- 英語でどう言うか知りたいとき
  What do you **call** this fish in English?
  (この魚は英語で何と言いますか)

  How do you **say** "natsukashii" in English?
  (「懐かしい」は英語でどう言いますか)

- スペルを知りたいとき
  How do you spell that? (それはどうつづるのですか)

- (意味はだいたいわかるが) 真意を確かめたいとき
  What do you mean? (どういう意味ですか)

第3章

魔法のフレーズ
21 to 30

can、should、have toといった助動詞、to不定詞、接続詞のandやor、whenを活用して、会話のバリエーションを広げましょう。また、お礼をするのに必ず使うThank you for ～フレーズ、自分の考えや感覚を伝えるときに必須のI thinkフレーズも練習します。

㉑ 魔法の can フレーズ

CD 22

I can't believe it. 信じられない。

[主語 + can't + 動詞の原形 + ～]

ポイント canは「～できる」という意味の助動詞で、後ろにさまざまな動詞を続けて使います。I can / can't ～、Can you ～?のパターンを練習しておきましょう。

使い方 I can't believe it.は文字通り「信じられない」という意味で、驚くようなことを見たり聞いたりしたときに口にするフレーズです。「宝くじに当たった」「試験に落ちた」など、ポジティブ・ネガティブのどちらにも使えます。

また、言い方によって、本当にびっくりした、あきれた、というバリエーションを表せます。1語で言えば、Unbelievable.やIncredible.です。こちらもよく使うので一緒に覚えておきましょう。

肯定文のI can manage.は、manageが「何とかする」という意味で、文全体で「何とかできますよ」と、気遣ってくれる相手に「ひとりでできる」ことを伝える表現になります。

Can you ～?と疑問文にすれば、「～できますか」と可能かどうかを聞く用法のほかに、「～してもらえませんか」という依頼の表現にもなります（☞「依頼表現」はp.70参照）。

Try it out! 会話力倍増フレーズ

❶ 私はスペイン語が話せます。
I can speak Spanish.

❷ それを買えそうです。
I can afford it.

❸ 何とかできますよ。　※「ひとりでできる」と言う
I can manage.

❹ 料理はできないんです。
I can't cook.

❺ ここではタバコを吸えませんよ。　※禁煙を教えるとき
You can't smoke here.

❻ まあまあですね。　※近況を聞かれたときに
I can't complain.

❼ 聞こえますか。　※電話が遠いときに
Can you hear me?

❽ 漢字は読めますか。　※日本語に自信がなさそうな人に
Can you read Chinese characters?

❾ あの標識が見える？
Can you see that sign?

□ afford　動（金銭的に）余裕がある
□ manage　動 何とかする　　□ complain　動 不満を言う
□ Chinese characters　漢字　　□ sign　名 標識

㉒ 魔法の should フレーズ

CD 23

You should use the subway.

［主語 + should + 動詞の原形 + 〜］
地下鉄を使ったほうがいいですよ。

ポイント shouldは「義務・望ましさ」を表すのが基本ですが、mustやhave toのような命令的なニュアンスはありません。

使い方 日常会話では、＜You should 〜＞の形で、「〜したほうがいいですよ」と相手にアドバイスをするのによく使います。交通機関を決めかねている人にはYou should use the subway.（地下鉄を使ったほうがいいですよ）、けんかをした人に対してYou should apologize to her.（彼女に謝ったほうがいいですよ）と言ってあげましょう。

＜Should I 〜＞の形にすれば、「私は〜するべきでしょうか」という意味です。雨が降るかどうかわからないときに、Should I bring an umbrella?（傘を持っていったほうがいいでしょうか）、買い物で迷ったときには、Should I buy this?（これを買うべきかな？）と、会話の相手に意見を求めることができます。

他に、「推量」の意味があり、The train should arrive in a few minutes.と言えば、「電車はあと数分で到着するはずです」という確実性の高い予測を表せます。

Try it out! 会話力倍増フレーズ

❶ だれかに聞くといいですよ。　※道案内のときに

You should ask someone.

❷ 彼女に謝ったほうがいいですよ。

You should apologize to her.

❸ もっと我慢強くならなくちゃ。　※愚痴を聞いたときにひと言

You should be more patient.

❹ もっと外出したほうがいいですよ。　※引きこもりがちの人に

You should go out more often.

❺ 彼に本当のことを言ったほうがいいよ。　※恋愛の告白にも使える

You should tell him the truth.

❻ 寝ていたほうがいいんじゃない。　※具合の悪そうな相手に

You should be in bed.

❼ 傘を持っていったほうがいいでしょうか。

Should I bring an umbrella?

❽ これを買うべきかな？　※買い物で迷っているときに

Should I buy this?

❾ ここにいるべきだろうか。　※転職を考えているとき

Should I stay here?

□ apologize to　〜に謝る　　□ patient　形 我慢強い
□ truth　名 真実　　　　　　□ umbrella　名 傘

㉓ 魔法の have to フレーズ

I have to go now.

[主語 + have to + 動詞の原形 + ～]
もうおいとましなければなりません。

ポイント 「義務・必要」を表す準助動詞で、状況的に「～しなければならない；～する必要がある」という意味で使います。

使い方 I have to go now. は、招待された食事会やパーティーなどで、時間が遅くなって帰らなければならないときに使えます。仕事で話が長引いているとき、次のアポイントがあるときなど、席を外したいときに使ってもいいでしょう。

I have to get off! は「降ります！」という意味で、満員電車やバスで、エレベーターで、ドアの前にいる人たちに声をかけるのに便利なフレーズなので、ぜひ覚えておいてください。

have to は should と違って、きついニュアンスになるので、TPO に注意しましょう。オフィシャルなパーティーに出る相手に You have to wear a suit.（スーツを着なければなりませんよ）など、相手に選択の余地のない状況で使います。

否定形の＜not have to ～＞という形は「不必要」を表し、You don't have to make excuses. と言えば「言い訳しなくてもいいですよ」という意味になります。

Try it out! 会話力9倍増フレーズ

❶ 残業しなければなりません。
I have to work overtime.

❷ 降ります！　※満員電車などで、降りたいときに
I have to get off!

❸ 明日は早く起きなければなりません。
I have to get up early tomorrow.

❹ 金曜までにこれを終えなければなりません。　※仕事の状況を説明する
I have to finish this by Friday.

❺ 新しい仕事を探さなければなりません。　※求職中のとき
I have to look for a new job.

❻ スーツを着なければなりませんよ。
You have to wear a suit.

❼ それを何とかしたほうがいいよ。　※itはさまざまな状況を表せる
You have to do something about it.

❽ ため息をつかなくてもいいじゃない。
You don't have to sigh.

❾ 言い訳しなくてもいいですよ。
You don't have to make excuses.

□ work overtime　残業する　　□ get off　降りる
□ sigh　動 ため息をつく　　□ make excuses　言い訳する

UNIT 21-30

㉔ 魔法の to 不定詞フレーズ

I'm glad to see you.

[主語 + be動詞 + 感情形容詞 + to不定詞 + ～]
お会いできてうれしいです。

ポイント to不定詞は、「名詞」「形容詞」「副詞」の3つの用法について、中学で習ったと思います。実際の会話では、どの用法かを考えるのではなく（そんな時間はありません！）、感覚的に使いこなせることが大切です。しっかり口慣らしをしておきましょう。

使い方 まず副詞的用法。＜I'm + 感情形容詞 + to ～＞という形でよく使います。I'm glad to see you. と言えば、「お会いできてうれしいです」という挨拶ですね。もう1つ頻出なのが、「～のために」と目的を表すものです。I'm here to meet Mr. Sato. なら「佐藤さんにお会いするためにまいりました」。受付でアポイントがあると告げるときに使えます。

　名詞的用法は＜動詞 + to ～＞の形をよく使います。like to ～なら「～することが好きだ」、plan to ～で「～することを計画している」、decide to ～で「～することを決意する」となります。

　形容詞的用法というのは、to不定詞が直前の名詞を修飾する形です。I have a lot of things to do.（すべきことがたくさんある）なら、to do が前の a lot of things を修飾して「すべきたくさんのこと」という関係になっています。（☞不定詞の用法はp.86を参照）

郵便はがき

| 1 | 6 | 6 | 8 | 7 | 9 | 0 |

料金受取人払

杉並局承認

2092

差出有効期間
平成21年9月
30日まで

東京都杉並区
　　高円寺北2-29-14-705

Jリサーチ出版

「魔法の英会話 フレーズ500 」係行

自宅住所電話番号	〒　　　　　電話（　　　）
フリガナ 氏　　名	
メルアドレス	
ご職業 または 学校名	（男・女）（年齢）
ご購入 書店名	

※本カードにご記入いただいた個人情報は小社の商品情報のご案内を送付する目的にのみ使用いたします。

愛読者カード

● お手数ですが、ご意見をお寄せください。
　貴重な資料として今後の参考にさせていただきます。

● この本をお買いになった動機についてお書きください。

● 本書についてご感想またはとりあげてほしい内容について
　お書きください。

● ご協力ありがとうございました。

※小社新刊案内（無料）を希望する。　　□郵送希望　□メール希望
※お客様のご意見・ご感想を新聞・雑誌広告・小社ホームページ等で掲載してもよい。
　　　　　　　　　　　　　　　□実名で　　□匿名（性別・年齢のみ）で

http://www.jresearch.co.jp

Try it out! 会話力9倍増フレーズ

❶ それはお気の毒です。　※よくない知らせを聞いたときに

I'm sorry to hear that.

❷ 佐藤さんに会うためにまいりました。

I'm here to meet Mr. Sato.

❸ ご親切に助けていただきありがとうございます。　※親切への丁寧な謝礼

It's very kind of you to help me.

❹ 在宅勤務が好きなのです。　※to以下が好きであることを言う

I like to work from home.

❺ 私たち、結婚することに決めました。　※decide toは完了や過去でよく使う

We've decided to get married.

❻ この単語は発音するのが難しいですね。　※仮主語のitがto以下を指す

It's hard to pronounce this word.

❼ これのダウンロードのしかたを教えてくれますか。　※＜how to～＞で「～のしかた」

Can you tell me how to download this?

❽ 何か飲み物がほしいですね。

I want something to drink.

❾ パリには訪れるべき面白い場所がたくさんあります。　※to visitがplacesを修飾する

Paris has many interesting places to visit.

□ work from home　在宅勤務する　　□ get married　結婚する
□ pronounce　動 発音する　　　　　□ download　動 ダウンロードする

25 魔法の Thank you for ～ フレーズ

Thank you for everything. いろいろとありがとうございます。
[Thank you + for + ～]

ポイント コミュニケーションの基本は何と言ってもお礼です。そして、お礼の最も基本的なフレーズがThank you.です。ここではforを続けて、お礼の理由を付加するフレーズを練習しましょう。

使い方 Thank you for everything.と言えば、「いろいろとありがとうございます」という感謝の気持ちをしっかりと伝えられます。お世話になったときには場面を選ばずに使えますから、覚えておいて活用しましょう。なお、forの後には必ず名詞が続きます。

Thank you for your cooperation.なら「ご協力に感謝します」で、仕事で重宝するフレーズです。

forの後に動詞を続けたい場合もあるでしょう。その際には動詞にingを付けて、動名詞の形にすればOKです。Thank you for waiting.で「お待ちいただきましてありがとうございます」、Thank you for seeing me off.なら「お見送りありがとうございます」です。

Thank you for everything.

Try it out! 会話力倍増フレーズ

❶ お待ちいただきましてありがとうございます。　※待たせてしまった相手に
Thank you for waiting.

❷ お越しいただきありがとうございます。　※わざわざ来てくれた人に
Thank you for coming.

❸ お招きくださってありがとうございます。　※招待されたときに
Thank you for having me.

❹ すばらしい夜をありがとうございます。　※その場を辞すときに
Thank you for a lovely evening.

❺ ご親切に感謝いたします。　※さまざまな好意・親切に対して
Thank you for your kindness.

❻ ご協力に感謝いたします。
Thank you for your cooperation.

❼ お時間をちょうだいしてありがとうございます。　※わざわざ時間を割いてくれた人に
Thank you for your time.

❽ ご歓待に感謝いたします。
Thank you for your hospitality.

❾ お見送りいただきありがとうございます。
Thank you for seeing me off.

- □ kindness　名 親切
- □ hospitality　名 歓待；もてなし
- □ cooperation　名 協力
- □ see ~ off　~を見送る

話すための英文法 ⑤

●助動詞
●動詞に別の意味を加える

助動詞は動詞に意味を加える役割をします。これまでに、can、should、have toを紹介してきましたが、他にwill、must、may、couldなどをよく使います。

助動詞の種類は右ページの上の表を参照してください。
助動詞の使い方のポイントは3つです。
①肯定文と否定文では動詞の前に置く。
②疑問文では主語の前に出す。
③否定文では短縮形が使われる（☞右ページの下の表参照）。

●よく使う助動詞の用法

will 「未来」と「意志」を表します。
It'll rain tomorrow.（明日は雨でしょう）▶ 未来
I'll study for MBA.（私はMBAの勉強をするつもりです）▶ 意志

must 「義務・強制」で、否定のmustn'tは「禁止」を表します。
You must study harder.（もっとしっかり勉強しないと）▶ 義務
You mustn't say things like that.（そんなことを言ってはいけません）
▶ 禁止

may 「許可」と「推量」を表します。
May I change the schedule?（スケジュールを変えてもいいですか）▶ 許可
He may visit you next week.（来週、彼はそちらに立ち寄るかもしれない）
▶ 推量

could canの過去形ですが、会話では「丁寧な依頼」(☞p.70参照)でもよく使います。

I couldn't sleep well.
（よく眠れませんでした）

主要な助動詞

現在形	意　　味	過去形
can	～できる	could
may	～してよい / ～かもしれない	might
must	～しなければならない	−
will	～でしょう / ～するつもりです	would
shall	（疑問文で）～しましょうか	should（～すべきだ）

よく使う否定の短縮形

can	can't
could	couldn't
will	won't
would	wouldn't
should	shouldn't
must	mustn't

話すための英文法 ❺

●不定詞
● 頻出3パターンを上手に使いこなそう

to 不定詞は＜to + 動詞（原形）＞の形です。「名詞」「形容詞」「副詞」の働きをするというのはご承知のとおりですが、あまり難しく考えずに、頻出のパターンを覚え込んでしまったほうが会話では使えると思います。

話すときに、これは名詞的用法か副詞的用法かなどと、考える暇はありません。基本パターンを感覚的に使っていくことが大切です。

特によく使うのは次の3パターンでしょう。

① **I'm happy to hear that.**（それを聞いてうれしいです）
happyの代わりにさまざまな感情を表す形容詞が使えます。不定詞部分は「〜して」という原因を表し、副詞的用法です。

② **I went to New York to seal the deal.**
（私は取引をまとめるためにニューヨークに行きました）
この場合、不定詞部分は目的を表し、「〜するために」という意味です。これも副詞的用法です。

③ **I'd like to cash my traveler's checks.**
（トラベラーズチェックを現金にしたいのですが）
この場合would likeにto不定詞（名詞的用法）が続く形ですが、plan to（〜することを計画する）、decide to（〜する決意をする）、promise to（〜する約束をする）、hope to（〜することを望む）などさまざまな動詞がこの形をとります。動詞とセットで覚えておくこ

とがポイントですね。

●動名詞
● ingを付けて名詞の代わりをする

　動名詞の考え方は簡単です。動詞にingを付ければ、名詞の代わりとして使えます。

　主語になったり、動詞に続く目的語にもなります。Seeing is believing.（百聞は一見にしかず）は動名詞が主語と補語に使われた例ですね。

　それから、注意したいのは不定詞しか続かない動詞があるように、動名詞しか続かない動詞もあるということです。

I finished writing my report.（私はレポートを書き終えた）

　×finish toとはできません。この種の動詞にはmind（いやがる）、admit（認める）、enjoy（楽しむ）、consider（考える）などがあります。

㉖ 魔法の and フレーズ

Meg and I are old friends.

[主語A + and + 主語B + be動詞 + 〜]
メグと私は古い友人です。

ポイント 2つの言葉をつなぐのがandの役割です。「〜と〜」という意味で、つなげるものは＜名詞 and 名詞＞だけではありません。＜形容詞 and 形容詞＞、＜副詞 and 副詞＞、＜動詞 and 動詞＞、＜文 and 文＞など、さまざまな要素をつなぐことができます。

使い方 ＜名詞 and 名詞＞の例は、Meg and I are old friends.（メグと私は古い友人です）で、主語の部分のMegとIがandで結ばれていますね。2人になるので、動詞は複数に合った形のareにします。

He can speak French and German.では、目的語のFrenchとGermanがつながり、「彼はフランス語とドイツ語を話せます」です。

＜形容詞 and 形容詞＞の例では、She is cute and intelligent.（彼女はかわいらしくて、知性的だ）のように、cuteとintelligentがandでつながれています。

ここまでの説明でおわかりのように、andでつなぐ前後の言葉は要素が同じでなければなりません。×＜動詞 and 形容詞＞はありえないのです。

最後に特殊な用法を紹介します。＜命令文 + and + 〜＞という形にすると、「〜しなさい、そうすれば〜しますよ」という意味になります（☞フレーズ9を参照）。

Try it out! 会話力9倍増フレーズ

❶ ブラッドと私は同僚です。
Brad and I are colleagues.

❷ ミカとロンが後で合流します。
Mika and Ron will join us later.

❸ 彼はフランス語とドイツ語を話せます。
He can speak French and German.

❹ 彼女はかわいらしくて、知性的です。
She is cute and intelligent.

❺ 映画を見に行きましょう。　※go and see は「見に行く」という慣用句
Let's go and see a movie.

❻ 私は繰り返しやってみました。　※again and again で「何度も；繰り返し」
I tried again and again.

❼ 昼も夜も働かなければなりません。
※day and night は「昼も夜も；休みなく」。忙しいことを表す
I have to work day and night.

❽ 子供も大人も楽しめますよ。　※＜both A and B＞で「AもBも」の意味
Both children and adults can enjoy it.

❾ 一生懸命働けば、昇進できるでしょう。　※＜命令文＋and＋～＞の用法
Work hard, and you'll be promoted.

□ colleague　名 同僚　　　　　　□ intelligent　形 知性的な
□ be promoted　昇格する

27 魔法の or フレーズ

Is it OK or not?

[be動詞 + 主語 + 形容詞 + or + not?]
それでいいですか、だめですか。

ポイント orもandと同じく2つの言葉をつなぎますが、「〜か〜」「〜それとも〜」というように二者択一的なつなぎ方です。orの前後の要素は同じでなければなりません。

使い方 二者択一的なため、orは疑問文で、相手に選択を求めるケースでよく使います。キーフレーズのIs it OK or not?は物事がそれでいいかどうか、相手の意向を確認するのに使えます。

For here or to go?は、ファーストフード店で店員が「こちらで食べますか、それともテイクアウトしますか」と言うときの決まり文句です。これはアメリカ英語の言い方で、イギリスではEat here or take away?となります。

Which would you like, coffee or tea? (コーヒーと紅茶、どちらにしますか) のパターンは、相手に何か2つのものから選んでもらうときに使えます。映画館でなら、romance or suspense (恋愛映画かサスペンス映画) のように応用できますね。

否定文で使うと、orの前後のどちらも否定します。I can't read or write Chinese.なら「中国語は読むことも書くこともできない」という意味です。

<命令文 + or + 〜>という形にすると、「〜しなさい、さもなければ〜しますよ」という文になります (☞フレーズ9を参照)。

Try it out! 会話力9倍増フレーズ

❶ 来るの、来ないの？　※相手の意向を確認する

Are you coming or not?

❷ ご兄弟は年下ですか年上ですか。　※兄か弟かを確かめたいとき

Is your brother younger or older than you?

❸ コーヒーと紅茶、どちらにしますか。　※相手の意向を聞く決まり文句

Which would you like, coffee or tea?

❹ 店内で食べますか、それともテイクアウトしますか。

For here or to go?

❺ アランか私が会議に出ます。

Alan or I will attend the meeting.

❻ 今年の夏はドイツかイギリスのどちらかに行きます。
　　　　　　　　　　　　　※＜either A or B＞で「AかBのどちらか」

I'll go to either Germany or Britain this summer.

❼ お菓子をくれなきゃいたずらしちゃうよ。
　　　　　　※ハロウィーンのとき変装した子供たちが言う決まり文句

Trick or treat.

❽ 中国語は読むことも書くこともできません。

I can't read or write Chinese.

❾ しっかり勉強しないと、落第するよ。　※＜命令文 + or + ～＞の用法

Study hard, or you may fail.

- attend　動 出席する
- treat　動 ごちそうする；もてなす
- trick　動 いたずらする
- fail　動 失敗する；落第する

㉘ 魔法の when フレーズ

When you come to Tokyo, please let me know.
[When + 文, 文]
東京に来るときは、知らせてくださいね。

ポイント 接続詞のwhenは「〜する（した）とき」と、行動をしたり物事が起こったりする「時点」を説明する役割をします。

使い方 whenの後ろにも1つの文が続きます。つまり、＜文 + when 文＞または＜When 文, + 文＞という形になります。whenは文と文の間にも置けますし、前に出すこともできます。

キーフレーズのWhen you come to Tokyo, please let me know. はwhenを前に出したパターンで、外国で知り合った人に「日本に来るときは教えてください」と伝えるときにそのまま使えます。

I'll call you when I'm finished. なら「終わったら電話しますよ」という意味で、ここではwhenは未来の時を示します。少し細かい決まりですが、動詞がamとなっていることに注目してください。whenのような「時を表す接続詞」の文では「未来のことも現在形」で表します。

一方、過去の時を表す例は、When I called, you were out.（電話をかけたときはいなかったよ）ですね。過去の場合は、whenの文も、もう一方の文もどちらも過去形にします。ただし、状況によっては＜過去完了 + when 過去＞（☞フレーズ⑧）、＜未来 + when 現在完了＞（☞フレーズ①）などの形が可能です。

whenを使いこなせれば、タイムマシンを使ったように、さまざまな時の自分を表現できますよ。

Try it out! 会話力倍増フレーズ

❶ 終わったら、電話しますよ。 ※whenの後ろは未来のことでも現在形に。I've finishedも可

I'll call you when I'm finished.

❷ 出かけるとき、ゴミを出しておいてね。

Take out the garbage when you go out.

❸ 在庫が入りましたら、お知らせします。

I'll let you know when it's available.

❹ 学生のころは数学が大好きでした。

I loved math when I was in school.

❺ 若いころは医者になりたかった。 ※昔の夢を話すときに

When I was young, I wanted to be a doctor.

❻ 電話したときは、お留守でした。

When I called, you were out.

❼ 会社を出たときは、雨が降っていました。

When I left the office, it was raining.

❽ 着いたときには、コンサートはもう始まっていました。

When I arrived, the concert had already started.

❾ 郷に入りては郷に従え。 ※When In Romeだけで使うことも

When in Rome, do as the Romans do.

□ take out 出す
□ let ~ know ~に知らせる
□ math (= mathematics) 名 数学
□ garbage 名 ゴミ
□ available 形 利用できる；在庫がある
□ go out 外出する

㉙ 魔法の I think 〜フレーズ

I think so. そう思います。

［主語 + 動詞 + 〜］

ポイント I think 〜は自分の意見を表明したり、自分が思っていることを伝えたりするときに便利なフレーズです。I thinkの後に、自分の意見・考え・気持ちを続ける練習をしましょう。

使い方 I think so.(そう思います) は、相手の考えや意見を聞いて、自分もそう思うと伝えるフレーズです。簡単に言えますし、会話で重宝するのでぜひすぐに言えるようにしておきましょう。

 I think you're right.なら「あなたは正しい」という自分の意見を示すことができます。I think I have a fever.なら、意見のようなはっきりした考えではなく、「熱があるみたいです」と感覚や気持ちを漠然と伝えます。I thinkはそういう意味で、かなり使用範囲が広いと言えます。

 なお、I thoughtと過去形にすると、「以前はこう思っていたが、今は違う」というニュアンスを表せます。I thought I'd get a raise this time.（今度は昇給すると思っていたんだけど［昇給しなかった］)。文脈によっては、予期したとおり昇給した、ともなります。

Try it out! 会話力倍増フレーズ

❶ 私は考えが違います。　※異なった考えをもっているとき
I think differently.

❷ あなたが正しいと思いますよ。　※こう言ってあげると相手が安心する
I think you're right.

❸ それはいい考えだと思います。
I think it's a good idea.

❹ 熱があるみたいです。
I think I have a fever.

❺ 買い物に行こうかな。　※「何となく〜したい」というニュアンスが出る
I think I'll go shopping.

❻ 今日は雨が降りそうですね。
I think it may rain today.

❼ とてもおいしいと思います。
I think it's very delicious.

❽ 紙が切れているんじゃないかな。　※プリンターやコピー機が出力しないとき
I think it's out of paper.

❾ 彼は嘘をついていますよ。　※何かを予想する場合にも使える
I think he's lying.

□ differently　副 違って
□ out of paper　紙が切れて
□ fever　名 熱
□ lie　動 うそをつく（lyingは現在分詞）

30 魔法の I don't know 〜フレーズ

I don't know my size. 自分のサイズがわかりません。

[主語 + don't + 動詞 + 〜]

ポイント I don't knowの後には、「名詞」「疑問詞」「文（that節）」「前置詞」などいろいろな形を続けることができます。

使い方 I don't know my size.はI don't knowの後ろに「名詞」を続けたフレーズです。「サイズがわかりません」という意味で、海外のお店で洋服や靴を買うときに便利です。欧米では日本と商品サイズが違うので、こう言って確認しましょう。一緒に、May I try this on?（試着してもいいですか）も覚えておきましょう。

「疑問詞」が続く例としては、I don't know what you mean.は相手の言っていることがわからないときに使う表現です。

会話の流れによっては、I don't know.単独で済ますこともできます。He moved to Osaka, didn't he?（彼は大阪に越したのですよね）→ I don't know.（知りませんね）

I don't know my size.

Try it out! 会話力9倍増フレーズ

❶ 彼のことは知りません。

I don't know him.

❷ フライトの時刻がわかりません。

I don't know the flight time.

❸ それについては何も知りません。

I don't know anything about it.

❹ どのようにすればいいのかわからない。
※how以下は会話の流れでわかりきっている場合は省略可。why、whenなどを続けることも可能

I don't know how.

❺ 御社への道順がわかりません。　※the churchなどに換えれば観光でも重宝

I don't know the way to your office.

❻ 何を言っているかわかりません。

I don't know what you mean.

❼ 何と言えばいいかわかりません。　※言葉が思いつかないとき

I don't know what to say.

❽ どう感謝していいかわかりません。　※感謝の気持ちを強調できる

I don't know how to thank you.

❾ 彼女がどこに住んでいるのか知りません。
※間接疑問が続く。疑問詞の後は＜主語＋動詞＞の語順

I don't know where she lives.

□ mean　動～のつもりで言う；意味する
□ thank　動感謝する

話すための英文法 ⑥

● 接続詞
● 文をつないで、複雑な話ができる

● 接続詞には2種類ある

接続詞のandとorは名詞と名詞、形容詞と形容詞、文と文など同じ要素を何でもつなぐ言葉ですが、他の大半の接続詞は文と文をつなぐのに使われます。

but（しかし）、yet（けれども）、that（〜と）、when（〜とき）、if（もし〜なら）、whether（〜かどうか）、while（〜しながら；〜の一方）、because（〜なので）、after（〜後）、before（〜前）などが代表的なものですね。

これらの接続詞は、2つのものをどのようにつなぐかで2種類に分類されます。

2つのものを対等につなぐのは「等位接続詞」と言われ、主従関係でつなぐのが「従属接続詞」と言われています。呼び方は特に覚える必要はありませんが、使い方は用例とともに頭に入れておくといいでしょう。

● 2つのものを対等につなぐ

and、or、but、yetがこれにあたります。前後の文は主と従の関係ではなく、並行的な関係です。and、orはすでに本編で扱ったので、butの例文を見ておきましょう。

but （しかし）

I was taken to the hospital, but my injury was not so serious.
（私は病院に搬送されたが、傷はそれほどひどくなかった）

他によく使うものにso（だから）、besides（そのうえ）がありますが、これらは接続副詞に分類されています。

so （だから）
I like old churches, so I visit Europe every year.
（私は古い教会が好きです。だから毎年ヨーロッパに出かけているのです）

besides （そのうえ）
I didn't really want to go. Besides, I had a fever.
（私は出かけたくなかった。それに熱もあった）

● 2つのものを主従関係でつなぐ

that、when、if、whether、because、after、beforeなどの接続詞は、2つの文を主従をつけてつなぎます。これら接続詞から始まるのが従文で、もう一方の文が主文になります。言いたいことは主文にあり、従文は付随的な情報を付け加えます。whenはすでに扱っているので、他の例をあげておきます。

if （もし〜なら）
If you like it, I'll send you another.
（もしそれがお好きなら、もう1つ送りますよ）

whether （〜かどうか）
I'm not sure whether I can do that or not.
（それができるかどうか確信がありません）

because （〜なので）
She called in sick because she had a headache.
（彼女は頭が痛かったので、病欠の電話を入れた）

話すための英文法 ❻

that （〜ということ）

thatも従属接続詞の代表的なものですが、会話では多くの場合、省略されます。

I suppose (that) stocks will rebound soon.
(私は株価はすぐに反発すると思う)

She told me (that) she wanted to become a doctor.
(彼女は私に、医者になりたいと言った)

● 相関接続詞

接続詞にはイディオムの形で使われる相関接続詞というものがあります。会話でよく使うものをおさらいしておきましょう。

not A but B （AではなくB）

He's not the president but the sales manager.
(彼は社長ではなく、販売部長です)

not only A but (also) B （AだけでなくBもまた）

She not only wrote the book but also edited it.
(彼女はその本を書いたばかりでなく、編集もした)

both A and B （AとBのどちらも）

Both you and I must attend the meeting.
(あなたも私もその会議に出席しなければならない)

either A or B （AかBのどちらか）

Either you or I may go to the trade show.
(あなたか私のどちらかが見本市にいけばいい)

第4章

魔法のフレーズ
31 to 40

未来・過去・進行形・完了形などの時制フレーズを練習して、どんな時のことでも話せるようにしましょう。veryやwell、tooといった頻出の副詞フレーズや比較級フレーズの練習もします。

㉛ 魔法の過去フレーズ

It was a lot of fun. とても楽しかったです。

[主語 + be動詞の過去形 + 〜]

ポイント be動詞の過去形はis, am → was、are → wereです。一般動詞の過去形は、like → liked、study → studiedのように＜原形 + -(e)d＞の形にできる「規則動詞」と、have → had、buy → boughtのように不規則に変化する「不規則動詞」があります。

使い方 It was a lot of fun.は、How was the concert?（コンサートはどうでしたか）などと感想を聞かれたときなどに便利な表現です。It was fun.でもOK。楽しくなかったときは、It was boring.（つまらなかった）などと言います。

「楽しむ」という動詞enjoyを使う場合は、I enjoyed it.のように、enjoyの後に目的語が必要です。I had a good time.も感想を述べる典型的な表現ですね。I had a really good time. / I had a wonderful time.など、楽しさの度合いをいろいろなバリエーションで表せます。ネガティブな意味合いでは、I had a hard time.（苦労した）、I had a terrible time.（ひどい目にあった）などの表現もあります。

It was a lot of fun.

Try it out! 会話力倍増フレーズ

❶ 退屈でした。

It was boring.

❷ 感動しました。

I was moved.

❸ すっかり忘れてた！　※totallyもよく使う

I completely forgot!

❹ 彼が私たちの面倒を見てくれました。

He took care of us.

❺ 彼女、嬉しそうだったよ。　※第三者の様子を伝えるときlookは便利

She looked happy.

❻ 家に財布を忘れてきた。

I left my wallet at home.

❼ うまくいきませんでした。　※itは機械や薬などのモノやコトが幅広くあてはまる

It didn't work.

❽ 日本から持ってきました。

We brought it from Japan.

❾ ここに来るように言われたのですが。　※誰かに指示されたときに。「頼まれた」ならI was asked to～

I was told to come here.

□ boring　形 退屈な
□ completely　副 完全に
□ wallet　名 財布
□ tell + 人 + to do　人に～するように言う
□ move　動 感動させる
□ take care of　～の世話をする
□ work　動 うまくいく；機能する

32 魔法の未来フレーズ

I'll call you later. 後で電話するね。

[主語 + will + 動詞の原形 + 〜]

ポイント willは未来を表す助動詞です。後に動詞の原形を続けて、I'll try.（やってみるよ）やI'll be home soon.（もうすぐ帰るよ）のように使います（I'llはI willの短縮形）。be going to 〜という表現もあります。I'm going to visit him tonight.（今夜彼を訪ねるつもりです）のように使います。（willとbe going to 〜の違い☞p.113）

使い方 I'll call you later.（後で電話するね）は、メールをしていて「後で電話で話そう」という意味でも使えますし、別れ際に「その話は後で電話で」という場面でも使えますね。一方、電話中に邪魔が入ったりして後でかけ直すときは、I'll call (you) back later. / I'll call (you) again later.（また後でかけ直します）などと言います。

I'll give you a call.と言うこともあります。このcallのように動詞も名詞もある語はほかにdrinkやlook、helpなど結構たくさんありますが、聞くときは品詞を気にしなくても意味は推測できますね。

I'll call you later.

Try it out! 会話力倍増フレーズ

❶ 現金で払います。
I'll pay in cash.

❷ もうすぐ帰るよ。
I'll be home soon.

❸ 君がいないと寂しくなるよ。 ※近々離れる相手に
I'll miss you.

❹ 10分で行きます。 ※待たせている相手に
I'll be there in ten minutes.

❺ 一生忘れません。
I'll never forget it.

❻ 締め切りに間に合わないよ。
We're not going to meet the deadline.

❼ 今夜彼を訪ねるつもりです。
I'm going to visit him tonight.

❽ 暑くなりそうですね。
It's going to be hot.

❾ 週末の予定は？
What are you going to do this weekend?

- □ in cash 現金で
- □ in 前 ～の後に
- □ meet a deadline 締め切りに間に合う
- □ miss 動 ～がいなくて寂しく思う

33 魔法の進行形フレーズ

I'm just looking, thank you.

[主語 + be動詞 + 動詞のing形 + 〜]
見ているだけです、ありがとう。

ポイント ＜be + 〜ing形＞は、主に２つの重要な意味があります。キーフレーズのように「〜しているところです」という「現在進行中」と、I'm moving next week.（来週引っ越します）のように、確定的な未来・予定を表すこともできます。過去進行形「〜していました」はbe動詞を過去形にします。

使い方 お店でMay I help you?と言われて、商品を見ているだけのときはI'm just looking, thank you.と言います。店員に探してほしい物があれば、I'm looking for 〜（〜を探しているのですが）や、Do you have [sell] 〜?（〜はありますか）などと聞きます。

　未来を表す＜be going to + 動詞の原形＞と進行中を表す＜be going to + 場所＞で混乱する人がいます。Where are you going?（どこ行くの？）— I'm going to the bookstore.（本屋に行くところです）は未来ではなく進行中です。

I'm just looking, thank you.

Try it out! 会話力倍増フレーズ

❶ 今行くよ！　※相手のいるところへ行くときはcome
I'm coming!

❷ もっとましな仕事を探してるんだ。
I'm looking for a better job.

❸ 私もそっちに行くところです。　※道を聞かれたときなどに
I'm going that way, too.

❹ 本屋に行くところです。　※向かっている途中
I'm going to the bookstore.

❺ あなたにお会いできるのを楽しみにしています。
We're looking forward to seeing you.

❻ 何を言ってるの？　※相手の言ったことに対する非難・否定・皮肉としても使える
What are you talking about?

❼ 来週引っ越します。　※引っ越しの準備は始まっている
I'm moving next week.

❽ 彼女は何時に戻ってきますか。
What time is she coming back?

❾ 同じことを考えていました。
※「全く同じ」と強調するときはthinkingの後にexactlyを
I was thinking the same thing.

□ look for　〜を探す　　　　　□ look forward to　〜を楽しみに待つ
□ move　動 引っ越す　　　　　□ same　形 同じ

UNIT 31-40

㉞ 魔法の I have ～ フレーズ

I've already finished it.

[主語 + have + 動詞の過去分詞 + ～]
もう終わったよ。

ポイント ＜have + 動詞の過去分詞＞を現在完了と言います。「もうやり終えた＝今はしていない」という、「現在」とつながりがある過去の事柄には現在完了を使います。

使い方 alreadyは「もう；すでに」という意味で、I've already done it.でもOK。I've finished it.だけでも「やり終えた」という意味になります。「（たった）今終わったところだ」はI've just finished it.に、「まだ終わっていない」はI haven't finished it yet.になります。

　現在完了は、このフレーズのような出来事の「完了・結果」を表す用法以外に、I've known him for ages.（彼とは長年のつきあいです）のような、現在までの「継続」と、I've never been to Canada.（カナダには一度も行ったことがありません）のような「経験」の3つの用法があります。

I've already finished it.

Try it out! 会話力倍増フレーズ

❶ ヨガを始めました。 ※始めて間もないときに

I've started doing yoga.

❷ 出張から戻ってきたばかりなんです。

I've just returned from a business trip.

❸ まだ決めていません。

I haven't decided yet.

❹ まだお返事をいただいていませんが。 ※質問 (question) の「返事」は answer

I haven't received your reply yet.

❺ 私はそこに行ったことがありません。 ※「行ったことがない」は been を使う

I've never been there.

❻ それは考えたこともなかったです。 ※相手が意外なことを言ったときの決まり文句

I've never thought about that.

❼ 初耳です。 ※「一度も聞いたことがない」という意味

I've never heard of it.

❽ 彼とは長年のつきあいです。

I've known him for ages.

❾ 彼女に会うのは前回の会議以来です。 ※since 以下をアレンジして使おう

I haven't seen her since the last meeting.

□ business trip　出張
□ never　副 一度も〜ない
□ since　前 接 〜以来
□ yet　副 (否定文で) まだ
□ for ages　何年も；長い間

35 魔法の Have you 〜? フレーズ

Have you ever met her?

[Have + 主語 + ever + 動詞の過去分詞 + 〜?]
彼女に会ったことある?

ポイント　「経験」「完了」「継続」を表す現在完了の疑問文です。最初のうちは3つのうちのどれかなど気にせずに、フレーズを暗唱→応用の繰り返しで慣れていきましょう。

使い方　Have you ever 〜?は「今までに〜したことある？」と経験をたずねる表現です。「彼女の旦那さんに会ったことある？」だと、Have you ever met her husband?となります。metはmeet（〜に会う）の過去分詞です。ever（今までに）の代わりに文末にbefore（以前に）を使うこともあります。その場合はHave you met her before?となります。

　キーフレーズではmeetを使っていますが、これをseeに置き換えると別の表現になります。例えばHave you seen Peter?ですが、これは「ピーターを見た？（見かけた？）」という意味です。「ハサミ見なかった？」ならHave you seen the scissors?ですね。ある人や物を探しているときはHave you seen〜?と覚えておきましょう。「〜したことある？」という経験を聞きたいときはeverかbeforeを使うようにすれば相手も理解しやすくなりますね。

Try it out! 会話力倍増フレーズ

❶ 彼女のご主人に会ったことある？

Have you ever met her husband?

❷ 地震のご経験は？　※このbeenはbe（いる）の過去分詞

Have you ever been in an earthquake?

❸ 支払い済みですか。

Have you paid?

❹ ハサミ見なかった？　※scissorsは常に複数形

Have you seen the scissors?

❺ ドアの鍵は閉めた？

Have you locked the door?

❻ お昼はもう食べましたか。

Have you had lunch yet?

❼ 元気だった？　※やや久々のときに使う

How have you been?

❽ どこに行ってたの？　※探していた人が見つかったときのひと言

Where have you been?

❾ 日本に住んでどのくらいになりますか。　※livedはbeenでもOK

How long have you lived in Japan?

□ earthquake　名 地震
□ lock　動 鍵をかける
□ scissors　名 はさみ
□ yet　副（疑問文で）もう

話すための英文法 ❼

●時制
●現在・過去・未来の３種類

　時制は難しいイメージをもたれる文法項目の１つでしょう。しかし、基本的には「現在」「過去」「未来」の３種類しかないのです。会話ではこれに「進行形」と「現在完了」という形をプラスします。

　いわゆる「完了進行形」だの「過去完了」だの複雑な形はあまり会話に必要ありませんし、たとえ必要であっても簡単な表現で言い換えられます。

●時制のまとめ

基本時制	be動詞	一般動詞
現在時制	am, is / are	play
過去時制	was / were	played
未来時制	will be / be going to be	will play / be going to play

現在完了形	have [has] played
現在進行形	am, is / are playing
過去進行形	was / were playing

※進行形は確定的な未来・予定を表すこともある。
　例：I'm going to the party tonight.（私は今夜そのパーティーに行きます）

● **動詞の変化**

動詞には「規則動詞」と「不規則動詞」があります。どの動詞が不規則に変化するかはコツコツ覚えるしかありません。

	原形	-(e)s形	-ing形	過去形	過去分詞
規則動詞	finish	finishes	finishing	finished	finished
	study	studies	studying	studied	studied
不規則動詞	meet	meets	meeting	met	met
	write	writes	writing	wrote	written

●willとbe going to
●使い分けを知っておこう

willとbe going toは使い分けがなかなか難しいものです。少し詳しく見ておきましょう。

I'll help you.（手伝いましょう）は、例えば忙しそうな同僚を見て言うひと言です。このような「その場の意志決定」にbe going toは使いません。一方、I'm going to get married next month.（来月結婚します）は、その場で決めたことではなく前々から決まっていることですね。このような「決定済みの意図」にwillは使いません。

また第三者の場合、友人がパーティーを企画してそれが決定事項なら、He'll have a party.ではなく、He's going to have a party.になります。ただし、それが今夜のような目先のことであれば、「確定的な未来・予定」を表す進行形を使って、He's having a party

113

話すための英文法 ⑦

tonight.になるわけですね。
　しかし！　会話の場面でそう簡単に使い分けられないと思います。次のように言うこともできます。

He's planning to have a party.
(彼はパーティーを開くことを予定しています)　　　　　［計画中とわかる］

He's decided to have a party.
(彼はパーティーを開くことにしました)　　　［Heの意志がはっきり伝わる］

He might have a party. (彼はパーティーを開くかもしれません)
　　　　　　　　　　　　　　　　　　　　　　　［実行するかは知らない］

He's going to have a party, I think.
　　　［言ってみたものの自信がなくなったので「〜と思う」と加える］

　このように、伝えたい状況に合った表現を選んで使ってみましょう。相手も誤解することなくわかってくれるはずです。

●現在完了
● 3用法を確認しておこう

現在完了＜have [has] + 動詞の過去分詞＞の3用法を確認しておきましょう。

[完了・結果]
I've just finished it.（ちょうど終わったところです）
> ▶ 一緒に使われる主な語句：**already, just, yet**

現在完了は「現在」とつながりがある過去の事柄に使います。一方例えば、「昨夜それをやり終えました」なら、I finished it last night. となります。この場合、last nightのような過去を表す語句を伴う（現在から切り離されて）単なる過去の事柄です。このような文では過去時制になります。

[経験]
I've never been there.（そこへは行ったことがありません）
> ▶ 一緒に使われる主な語句：**never, ever, before, 〜times**

[継続]
How long have you been in Japan?
（日本に来てどのくらいになりますか）
> ▶ 一緒に使われる主な語句：**since, for, how long**

36 魔法の**感情形容詞**フレーズ

I feel great. 最高です。

［主語 + 動詞 + 感情形容詞］

ポイント 感情・感覚を表すフレーズの基本は＜I feel + 形容詞＞または＜I'm + 形容詞＞の形です。

使い方 I feel great.で「最高だ；とてもハッピーだ」という気持ちをストレートに表せます。結婚式で、試験に合格して、スポーツの試合で勝って、昇給・昇格して、とさまざまな場面で使えるでしょう。

　形容詞を変えれば、I feel sad.で「悲しいです」、I feel shocked.なら「ショックです」となります。be動詞も同様で、I'm nervous.で「緊張しています」、I'm embarrassed.なら「恥ずかしいです」。

　＜I'm + 形容詞＞の形は、その感情の理由を続けることもできます。I'm happy to hear the news.（その知らせを聞いてうれしい）、I'm surprised he got promoted.（彼の昇進に驚いている）。

　I'm proud of you.（君を誇りに思うよ）は英米人が家族同士で、特に親が子供に向かって褒めるときによく使う決まり文句です。

　とても簡単ですね。ポイントは、感情・感覚を表す形容詞をある程度知っておくことでしょう。

I feel great.

Try it out! 会話力9倍増フレーズ

❶ 悲しいです。

I feel sad.

❷ 気分がよくなりました。　※bad、sickなら「気分が悪い」

I feel better.

❸ へとへとです。　※tired（疲れた）を強調した言い方

I feel exhausted.

❹ ショックです。

I feel shocked.

❺ 緊張しています。　※「心配な；不安な」の意味も

I'm nervous.

❻ 驚いています。

I'm surprised.

❼ 恥ずかしいです。　※「恥ずかしい；きまりが悪い」はembarrassed

I'm embarrassed.

❽ それに満足しています。

I'm satisfied with that.

❾ 君を誇りに思うよ。

I'm proud of you.

□ sad　形 悲しい
□ nervous　形 緊張した；心配な
□ be proud of　～を誇りに思う
□ exhausted　形 へとへとの
□ embarrassed　形 恥ずかしい

37 魔法の very フレーズ

It's very kind of you. ご親切にどうも。
[It is + very + 形容詞 + of + 〜]

ポイント veryは後に続く形容詞や副詞を強調する役割をします。「とても〜」「非常に〜」という意味ですが、今風に言えば「超〜」という感じでしょうか。

使い方 It's very kind of you.は親切にしてもらったときのお礼の言葉として使えます。Itは相手がしてくれた行為を指しますが、to不定詞をつなげて、to help me（助けてくれて）、to invite me（招待してくれて）と具体的な行為を示すこともできます。It's very kind of you to help me.やIt's very kind of you to invite me.というように。Thank you.と一緒に使えば、感謝の気持ちをしっかりと伝えられるでしょう。

veryを繰り返すとさらに強調できます。She's very, very angry.とすると「彼女は本当に怒っているよ」と、相手に謝罪をうながすときなどに使えます。

It's very kind of you.

Try it out! 会話力倍増フレーズ

❶ 彼はとても内気です。

He's very shy.

❷ 今日はとても暑いですね。

It's very hot today.

❸ 彼女は激怒していますよ。　※veryを重ねて強調する

She's very, very angry.

❹ スイーツに目がないんです。

I'm very fond of sweets.

❺ この店はすてきですね。　※placeは会話では、レストラン、カフェを指すことがある

This place is very nice.

❻ 会社は気前がいいなあ。　※ボーナスがたくさん出たときなど

Our company is very generous.

❼ とても難しい状況です。

That's a very difficult situation.

❽ とても感心しました。

I'm very impressed.

❾ 彼は私の親友です。　※bestを強調することも可能

He's my very best friend.

☐ shy　形 内気な
☐ sweets　名 スイーツ
☐ situation　名 状況
☐ be fond of　〜が好きである
☐ generous　形 気前のいい

38 魔法の well フレーズ

You speak Japanese well.

［主語 + 動詞 + 〜 + well］
日本語がお上手ですね。

ポイント wellは副詞としては「上手に」「よく」「十分に」「満足して」という意味で、会話で多用されます。副詞wellは動詞を修飾します。

使い方 キーフレーズではwell（上手に）が直前のspeak Japanese（日本語を話す）にかかって、「上手に日本語を話す」となっています。このフレーズはかたことでも日本語を話す外国人に言ってあげると喜ばれます。笑顔でThank you.と答えてくれるでしょう。会話のきっかけにもなりますよ。

「よく」「十分に」の意味では、I can't hear you very well.（よく聞こえません）は電話などで、Did you sleep well?（よく眠れましたか）は朝の挨拶でそのまま使えます。

形容詞としても使います。形容詞としては「健康な」という意味で、You don't look well.なら「具合が悪そうですよ」となります。

もう１つ文頭に使う用法（間投詞）があり、次の言葉を考える間合いのためや、話題を変えたり、話を再開したり、ためらいながら同意したりするときに使います。Well, can you call me later?（じゃあ、後で電話してね）、Well, OK, but don't be late.（うん、いいけど、遅れないでね）。

Try it out! 会話力倍増フレーズ

❶ テニスが上手ですね。

You play tennis well.

❷ 彼女はピアノがとても上手です。

She plays the piano very well.

❸ よく聞こえません。

I can't hear you very well.

❹ 彼女のことはよく知っています。

I know her well.

❺ これはあなたにぴったりですね。　※服などの形・サイズが合っているときに

This fits you well.

❻ よくやりましたね！　※何かを成し遂げた相手を褒めるときに

You did well!

❼ よく眠れましたか。

Did you sleep well?

❽ 仲がいいんですね。　※仲がいいことを示す

You are getting along well.

❾ 具合が悪そうですね。　※このwellは形容詞

You don't look well.

□ fit　動（形・サイズが）合う　　　□ get along　仲良くやっている

㊴ 魔法の too フレーズ

That's too bad. それはいけませんね。

[主語 + be動詞 + too + 〜]

ポイント tooも会話で頻繁に使う副詞ですが、大きく2つの用法があります。1つは、「あまりにも」と、望ましい水準や許容範囲を超えたことを表します。もう1つは「〜もまた；同様に」と同じものを付加するときに使います。

使い方 That's too bad.は、「too ＝ あまりにも」の代表的なフレーズです。よくない目に遭った相手の話を聞いて、同情を示すときに使います。My stocks have plunged.（持ち株が暴落したよ）→ That's too bad.という流れです。

I said too much.（言いすぎました）は、口論した相手に謝るときの必須表現です。

「too ＝ 〜も」の場合は、Iを主語にして使えば「私も同じように」という意味です。I love wine, too.（私もワインが大好きです）、I play golf, too.（私もゴルフをします）は、初対面の人との会話で使えそうです。

道をたずねられてわからないときは、I'm a stranger around here, too.（私もこのあたりは不案内なんです）が使えます。なお、このtooは肯定文でしか使えません。否定文ではeither（〜もない）になります。

Try it out! 会話力倍増フレーズ

❶ きつすぎますね。　※試着するとき。「ゆるい」はloose

It's too tight.

❷ これは高すぎますよ。　※お店で値切るときに

This is too expensive.

❸ 言いすぎました。

I said too much.

❹ 忙しすぎて休みがとれません。　※＜too ～ to ...＞で「あまりに～なので…できない」

I'm too busy to take a vacation.

❺ 私もです。　※相手の話を受けて「自分も」と言うシンプルな言い方

Me too.

❻ 私もワインが大好きです。

I love wine, too.

❼ 私もゴルフをします。

I play golf, too.

❽ 私もタイガースのファンです。　※the Tigersをスポーツ選手か歌手に換えて使える

I'm a fan of the Tigers, too.

❾ 私もこのあたりは不案内なんです。

I'm a stranger around here, too.

☐ tight　形 きつい
☐ take a vacation　休暇をとる
☐ expensive　形 高価な
☐ stranger　名 不案内な人

⓰ 魔法の比較級フレーズ

This year is better than last year.

[比較対象A + be動詞 + 比較級 + than + 比較対象B]
今年は去年よりもいいですよ。

ポイント 比較級というと難しいイメージがあるかもしれませんが、日常会話で意外によく使うので、ベーシックなものを覚えておきたいですね。基本は＜比較級 + than＞の形です。

使い方 This year is better than last year.は「this year ＞ last year」という構造になっていて、比較してどちらが上位かをbetter thanで示しています。比較の基本はこの形です。このフレーズは会社の業績や、自分や家庭の運勢など、さまざまなケースで使えるでしょう。逆に、今年のほうが去年より悪ければworse than（～より悪い）を使って表現します。

比較級は短い形容詞・副詞（1音節と2音節の一部）は後ろに-erを付けてつくります。長い形容詞・副詞は、その前にmoreまたはlessを置きます。

more than、less thanはそれぞれ「～より多い」「～より少ない」という意味でも使えます。It took more than one month.で「1カ月以上（時間が）かかった」となります。

覚えておきたいフレーズに「比較級 + than I expected」があります。「予想よりよかった」という意味になり、褒め言葉としていろいろな場面で重宝します。

Try it out! 会話力9倍増フレーズ

❶ 私は彼より年上です。

I'm older than him.

❷ 彼女は私より2歳年下です。　※比較の「差異」を示す言葉は比較表現の前に置く

She's two years younger than me.

❸ このパソコンはあちらのものより強力ですよ。

This PC is more powerful than that one.

❹ それだけじゃないんですよ。　※話がさらに続くときに

It's more than that.

❺ その寺までは1キロもありませんよ。

It's less than one kilometer to the temple.

❻ いつもより早く来ました。　※than usual で「いつもより」

I've come earlier than usual.

❼ これまで以上に懸命に働かないと。　※than ever で「これまで以上に」

You'll have to work harder than ever.

❽ そのホテルは予想以上でした。　※褒め言葉として便利

The hotel was better than I expected.

❾ 言うは易し、行うは難し。　※相手の安易な計画を諫めるとき

Easier said than done.

☐ powerful 形 強力な　　　☐ expect 動 予想する

UNIT 31-40

話すための英文法 ❽

● 感情形容詞
● -ingと-edの両方で使う

　形容詞の中には、-ing形（現在分詞）と-ed形（過去分詞）の両様で使われるものがあります。

　例えば、bore（うんざりさせる）という動詞が形容詞になると、boring（うんざりさせる）、bored（うんざりした）の2つができます。boringは「モノやコトが本人をうんざりさせる」、boredは「本人がうんざりする」という関係です。

> **His speech** was **boring.**（彼のスピーチは退屈だった）
> （モノ・コト）
>
> **She** got **bored** at the game.（彼女はゲームに飽きてしまった）
> （人）

　「〜させる」という意味の動詞がこうした2通りの形容詞をつくります。感情を表す必須形容詞が多いのが特徴です。

動詞	-ing形（〜させる）	-ed形（〜した）
amaze （驚かせる）	amazing （驚くべき；すばらしい）	amazed （驚いた）
confuse （混乱させる）	confusing （混乱させる；まぎらわしい）	confused （混乱した）
interest （興味をもたせる）	interesting （面白い；興味を引き起こす）	interested （興味がある）
excite （興奮させる）	exciting （刺激的な；わくわくさせる）	excited （興奮した）
disappoint （失望させる）	disappointing （失望させる）	disappointed （失望した）

● 副詞
● 時・頻度・判断・心情を付加する

会話でよく使う副詞としては、「時・頻度を表すもの」と「話し手の判断・心情を表すもの」でしょう。時の副詞は頻繁に使うので、主要なものをしっかり覚えておきたいところです。

(時)
already（すでに）、**now**（今）、**then**（そのとき）、**ever**（これまでに；かつて）、**ago**（〜前に）、**before**（以前に）、**once**（かつて；昔）、**soon**（すぐに）、**recently**（最近）

I've finished it already.（すでにそれを終えました）
I once worked at the London branch.
（私は昔ロンドン支社で働いていました）

(頻度)
always（いつも）、**usually**（たいてい）、**often**（しょっちゅう）、**sometimes**（時々）、**hardly**（ほとんど〜ない）、**never**（一度も〜ない）、**once**（一度）

I usually get to the office just before ten.
（私はたいてい10時少し前に会社に着く）
I seldom return to my hometown.（私はめったに帰省しません）

判断・心情を示す副詞は、自分が話す文の意味・ニュアンスを相手に伝える役割をします。

話すための英文法 ❽

〈判断・心情〉
actually(実のところ)、**basically**(基本的に；実際に；要するに)、**personally**(個人的に)、**frankly**(率直に言うと)、**obviously**(明らかに)、**eventually**(ついに；いずれは)、**probably**(おそらく)、**maybe**(たぶん)、**surely**(きっと)、**anyway**(とにかく)

Actually, I don't agree with your plan.
(実のところ、あなたの計画には賛成できません)

● 比較
● 3パターンで基本的な用は足りる

比較はイディオムがたくさんあり難しいイメージがありますが、実際に会話で使うのは基本表現に限られています。

・**同等比較　as ～ as ...**（…と同じくらい～だ）
My car is as old as yours.（私の車はあなたのと同じくらい古い）

・**比較級　～er than ... / more ～ than ...**（…より～だ）
My car is older than yours.（私の車はあなたのより古い）

・**最上級　～est / the most ～**（最も～だ）
My car is the oldest in the parking lot.
(私の車は駐車場の中で一番古い)

基本的にこの3種類が使いこなせれば、日常の用件はたいてい言えます。難しい表現は、必要に応じて身につけていきましょう。

第5章

魔法のフレーズ
41 to 50

Please 〜、Let's 〜、否定命令文は使い方にコツがあります。頻出フレーズを練習して用法を身につけましょう。仕上げに、have、get、makeなどの基本動詞を使いこなす会話フレーズの練習をします。

㊶ 魔法の -thing / -one フレーズ

Something is wrong with my computer.

[Something + be動詞 + 〜]
パソコンの調子がおかしい。

ポイント -thingと-oneの形の代名詞を取り上げました。-thingは something / anything（何か）、everything（すべて）、nothing（何も〜ない）があります。-oneはsomeone / anyone（誰か）、everyone（みんな）、no one（誰も〜ない）があります。いずれもぜひ使いこなしたい言葉です。

使い方 somethingは何かあいまいなことを言うときに便利です。She's a designer or something.（彼女はデザイナーか何かだ）、It's something like that.（そんなところですね）のように使えます。

　somethingは疑問文や否定文ではanythingになります（例：Is there anything wrong with your computer?）。ただし依頼や許可表現では、Would you like something to drink?のように、疑問文でも any-ではなくsome-がよく使われます。

　なお、キーフレーズのwrongは「故障した；具合が悪い」という意味で、前置詞withとセットです。What's wrong with you?のwrongと一緒ですね。

　「誰も〜ない」のno oneは常に2語です。nobodyもよく使います。

Try it out! 会話力9倍増フレーズ

❶ 何か新しいことをやってみたいんです。　※<-thing＋形容詞>の語順をマスター！

I'd like to try something new.

❷ まあそんなところです。　※相手が言ったことにだいたい同意したとき

Something like that.

❸ 特に何も。　※「休日の予定は？」「変わったことは？」などの質問に対して

Nothing special.

❹ 万事順調ですか？　※レストランでもよく聞く一句

Is everything all right?

❺ さっき誰かから電話があったよ。　※「さっき」はjustを使おう

Someone just called you.

❻ 修理に誰かよこしていただけませんか。

Could you send someone to fix it?

❼ 誰か日本語を話せる人はいますか。　※旅先での最終兵器

Does anyone here speak Japanese?

❽ 誰にもわからないよ。　※Who knows?とも言う

Nobody knows.

❾ みんな親切にしてくれました。

Everyone was nice to me.

□ special　形 特別な　　　□ fix　動 修理する
□ nice　形 親切な

UNIT 41-50

㊷ 魔法の **Please 〜** フレーズ

Please have a seat. どうぞおかけください。

[Please + 動詞の原形 + 〜]

ポイント 命令文は主語を使わず動詞の原形で始めます。「ここにいなさい」ならStay here.のように言います。Hurry up!（急いで！）のような感情が込もった表現もあります。

使い方 Please have a seat.は来客などに腰をかけてもらうときのひと言です。Have a seat.だと上からものを言う印象です。また、sit downは自分が座るときにMay I sit (down) here?と言えますが、このようにお客さんに座ってもらう場面ではPlease sit down.ではなくPlease have a seat.を使います。決まり文句として覚えておきましょう。

気をつけたいのは、＜（Please +）動詞の原形〜＞はあくまで「命令」が基本なので、70ページで紹介した依頼表現とは区別しましょう。例えば、Could you help me?（助けていただけますか）とHelp me.（助けて）は大きく異なります。「お釣りはいいよ」という意味のKeep the change.は、Could you keep the change?だと変な顔をされるでしょう。

ここでは、「命令文の形がふさわしい」フレーズをピックアップしていますのでこのまま覚えてください。

Try it out! 会話力9倍増フレーズ

❶ ここにいなさい。 ※「ここで待ってて」のニュアンスでもOK

Stay here.

❷ 許して。

Forgive me.

❸ 落ち着いて。 ※別れの挨拶としても

Take it easy.

❹ 落ち着いて。 ※興奮している相手に

Calm down.

❺ 信じて。

Trust me.

❻ 私に任せて。

Leave it to me.

❼ こう考えてみなさい。 ※意見を別の観点で言うきっかけのひと言

Look at it this way.

❽ どうぞ自由に召し上がって。 ※こう言われたときは遠慮なく食べよう

Please help yourself.

❾ ご家族によろしく。 ※別れ際の決まり文句

Please say hello to your family.

□forgive 動許す　　□trust 動信用する

㊸ 魔法の Let's ～ フレーズ

Let's talk about it later. 後で話しましょう。

[Let's + 動詞の原形 + ～]

ポイント Let'sは「～しましょう」と相手に「勧誘・提案」する表現です。Let usの省略で、勧誘・提案では常に短縮形で使います。

使い方 忙しいときに何か相談されて「今忙しいのに…」というときってありますよね。英語でうまくかわせるようにこのフレーズを覚えておくと便利です。ダメな理由も添えて、例えばSorry, I'm busy now. Let's talk about it later.と言えばいいですね。

　「勧誘」や「提案」は60ページでHow about ～?、66ページでWould you like to ～?を挙げましたが、Let'sはそれらよりももっと気軽な感じで使えます。Let's ～は疑問文ではないことからも、まず相手は反対しないだろうという期待があって言いますが、それでももし相手の提案に乗れない場合は、＜Sorry, I can't. + 理由＞で返事をすれば大丈夫です。

Let's talk about it later.

Try it out! 会話力倍増フレーズ

❶ 帰りましょう。
Let's go home!

❷ ジョンに聞いてみようよ。
Let's ask John.

❸ エアコンを消しましょう。
Let's turn off the air conditioner.

❹ もう1つの方をやってみよう。　※2択で片方が失敗したときなど
Let's try the other one.

❺ これを先に終わらせましょう。
Let's finish this first.

❻ 前向きに考えようよ！
Let's think positively!

❼ 銀行の前で会いましょう。
Let's meet in front of the bank.

❽ 連絡を取り合いましょう。　※付き合いを続けたい人へ
Let's keep in touch.

❾ 話題を変えましょう。　※話が気まずくなったときに便利
Let's change the subject.

☐ turn off　〜を消す；オフにする
☐ first　副 まず第一に；その前に
☐ in front of　〜の前で[に]
☐ air conditioner　エアコン
☐ positively　副 前向きに
☐ subject　名 話題

㊹ 魔法の Don't 〜 フレーズ

Don't be late. 遅れないでね。

[Don't + 動詞の原形 + 〜]

ポイント　＜Don't + 動詞の原形＞は否定の命令文です。言い方次第で Don't cry.＝Please stop crying.（泣かないで）のようなニュアンスもあれば、Don't rush me!（急かさないで！）のようなきつい表現にもなります。

使い方　Don't be late.は待ち合わせの約束をして「遅れるなよ」という場面で使われます。late は「遅れて」という意味の形容詞で、He's late again!なら「彼、また遅刻よ！」、It's too late.なら「もう遅いよ」、I was late for work today.なら「今日、仕事に遅刻しちゃった」です。be late for 〜で「〜に遅れる」という意味です。

Don'tにもpleaseを付けることができます。If you have any questions, please don't hesitate to ask me.（わからないことがあれば遠慮なく聞いてください）は文書やメールの最後などで見られる典型的な表現です。「遠慮なく〜してください」はplease feel free to 〜とも言えます。どちらもこのまま覚えておくと便利です。

Don't be late.

Try it out! 会話力倍増フレーズ

❶ 泣かないで。

Don't cry.

❷ ほどほどにね。　※文字通り、残業している人にも

Don't work too hard.

❸ 誰にも言うなよ。　※ヒミツを明かした後に

Don't tell anyone.

❹ 食べ過ぎるなよ。　※eatはdrinkやuseなどに置き換えて

Don't eat too much.

❺ 急かさないで！

Don't rush me!

❻ 私を置いていかないで。

Don't leave without me.

❼ 私を責めないで。

Don't blame me.

❽ 恥ずかしがらないで。　※こう言われる日本人が多い!?

Don't be shy.

❾ 決してあきらめるな！

Never give up!

□ rush　動 急がせる
□ shy　形 内気な
□ blame　動 非難する
□ give up　あきらめる

㊺ 魔法の関係代名詞（省略）フレーズ

I'll do everything I can.

［主語 + will + 動詞の原形 + 代名詞 + (that) + 主語 + 助動詞］
できる限りのことはしましょう。

ポイント いわゆる「関係代名詞の省略」パターンです。everythingの後にthatが省略されていますが、この目的格の関係代名詞は会話ではふつう省略されます。

使い方 商談などで努力するという意志を表したいときや、クレームの対処で相手に誠意を見せるときのひと言です。終わってしまったことについての決まり文句 I did everything I could. とセットで覚えておくといいでしょう。

　ここで関係代名詞省略の語順を見てみましょう。I bought a book（私は本を買いました）の語順を変えて a book I bought とすると「私が買った本」という意味になります。

　実は会話では、関係代名詞を使わなくてもほぼ表現できます。頭に浮かんだ日本語をどう英語に転換するか次第なのです（☞p.143参照）。そんな簡単に言うけれど……という声が聞こえてきそうですが、ここでは、まず関係詞云々の前にこの文はこの形のままで覚えて損はない！というフレーズをセレクトしました。ぜひ自分のものにして応用してみてください。

Try it out! 会話力倍増フレーズ

❶ できることはすべてしました。
I did everything I could.

❷ 私がほしい本は売り切れています。
The book I want is sold out.

❸ これは私が食べた中で最高のピザだ。　※ the best ～ I've ever ...の形で応用しよう
This is the best pizza I've ever eaten.

❹ これは私が探しているものではありません。
This isn't the one I'm looking for.

❺ 私があげた本はもう読んだ？
Have you read the book I gave you?

❻ ティムが話している女の人を知ってる？
Do you know the lady Tim is talking to?

❼ 私に何かできることはありますか。
Is there anything I can do for you?

❽ 買ったばかりのDVDはどこ？
Where is the DVD I just bought?

❾ ロシア語を話す人を知っています。
※ whoは関係代名詞。I know someone who ...の形で応用しよう
I know someone who speaks Russian.

☐ sold out　売り切れた　　　　☐ lady　名 ご婦人

UNIT 41-50

話すための英文法 ❾

● -thing と -one
● 会話で重宝する不定代名詞

「話すための英文法 1」(☞p.29) で人称代名詞を見ましたが、代名詞は幅広く、また奥が深い品詞です。This is my car.のThis（指示代名詞）、I'll buy that one.のone（不定代名詞）、さらには関係代名詞も「代名詞」です。

特にある物（名詞）の代わりとして使うoneは、会話で非常に便利な語です。This one, or that one?（こちら、それともあちら？）、Which one?（どれですか）は買い物などで使えます。また、I want that one, that one, and that one!などはケーキ屋のショーケースを見ながら子供が言いそうですね。

その他の不定代名詞で会話でよく使うのが-thing、-one、-bodyです。

● -thing, -one のまとめ

物	意味	人	意味
something	何か（肯定文で）	someone / somebody	誰か（肯定文で）
anything	何か（否定文・疑問文で）★	anyone / anybody	誰か（否定文・疑問文で）★
everything	どれもみんな	everyone / everybody	みんな／全員
nothing	何も〜ない	no one / nobody	誰も〜ない

★依頼や許可表現では、形は疑問文でも多くの場合any-ではなくsome-を使います。

someoneとsomebody、anyoneとanybody、everyoneとeverybodyについてはどちらか片方だけ覚えるのでも十分です。意味が大きく変わることはありません。

● 依頼・許可
● TPOに応じた表現を

　会話の雰囲気や人間関係を円滑にするには、命令や依頼・許可表現をTPOに応じて使い分けることが重要です。helpの例で違いを見てみましょう。

Help me!（助けて！）　　　　　　　　　　　　　　　　[緊急事態]
Please help me.（助けてください）　　　　　[相当困っている]
→お手上げの状況など。I need your help.（あなたの助けが必要なんです）のイメージ。ただし、Please help me if you have time.（時間があれば手伝ってください）のような条件付きで使うことも多く、ニュアンスが変わる。

Can you help me?（手伝ってくれない？）　　　　　　[親しい相手に]
→比較的軽い依頼。疑問文は相手にYes / Noの選択を与えるので遠慮の意が加わる。

Could you help me?（手伝っていただけませんか）
　　　　　　　　　　　　　　　　　　　　　[Can you 〜?よりも丁寧]
→公共の場や、日本語における敬語を使うべき相手に。文末にpleaseを添えるとより丁寧になる。

I wonder if you could help me.（お手伝いいただけますでしょうか）
→見た目は肯定文だがwonderは疑問を含んだ動詞なので、丁寧表現でよく使う。

　丁寧さの度合いで言うと、特に仕事関連の文章も含めると、依頼・許可の表現はバリエーションが本当にたくさんあります。まず、だいたい自分の言いたいことが伝わることをめざし、次のステップでTPOに応じて表現を使い分けられるようにしましょう。

話すための英文法 ❾

● 関係代名詞
● 関係代名詞 that / which / who とその省略

● 実はシンプルに使いこなせる

関係代名詞と聞くだけでうんざりするという人もいるかもしれませんね。ですが、要は＜名詞 + 修飾語句＞の応用なのです。3つの主要な用法について構造を見てみましょう。以下、[　]内が修飾語句です。

①関係代名詞の省略：＜名詞 + 主語 + 動詞＞

Have you found the keys [you lost]?
(なくした鍵は見つかりましたか)

→この文はHave you found the keys?だけでも文が成り立ちますが、「どんな鍵か」を説明する（the keysを修飾する）のに you lost があると考えます。

The car [we hired] was too big.
(私たちが借りた車は大きすぎました)

→The car was too big.の名詞The carに修飾語句we hiredが付いていますね。修飾語句は修飾の対象となる名詞の後にきます。

関係代名詞は主格と目的格の2つありますが、会話で使うのは主に主格です。

②関係代名詞（主格）：＜名詞 + 関係代名詞 + 動詞＞

The man [who lives next door] is an author.
(隣に住む男性は作家です)

I'm looking for a printer [that / which is easy to carry].
(持ち運びやすいプリンターを探しています)

③関係代名詞（目的格）：<名詞 + 関係代名詞 + 主語 + 動詞>

目的格の関係代名詞は会話ではほぼ不要です。会話ではよく省略するからです。例えば、Have you found the keys that / which you lost?やThe man who I saw was a famous author.などとなりますが、関係代名詞がなくても問題ありません。

● **会話では無理に修飾語句を使わない**

関係代名詞のしくみを確認しましたが、思い浮かんだ日本語を忠実に関係代名詞や修飾語句を使って言おうとすると変な英文になりかねません。日本語で次のような文が頭に浮かんだとします。英語でどう伝えるか考えてみてください。

「私が送ったメールは読んだ？」

直訳すればDid you read the e-mail (that) I sent you?です。完璧な英文ですが、Did you read my e-mail?で十分ですね。
次はどうでしょう？

「ヒトシが着ているスーツはシルクよ」

The suit (that) Hitoshi is wearing is made of silk.でしょうか。
ですが、Hitoshi is wearing a silk suit.のほうがスマートかつ自然な英語なのです。
また、「アメリカ製の車を買った」だと、I bought a car that was made in America.ではなく、I bought a car made in America.やI bought an American car.のようにできます。このように、関係代名詞主格の文でも、よりシンプルでより自然な表現があるのです。

㊻ 魔法の **have** フレーズ

Have a nice weekend. よい週末を。

[動詞 have + 〜]

ポイント haveは「持つ」という意味を軸に、「取得する」、「経験する」、「食べる・飲む」、「心に抱く」、「実行する」、「受け取る」などの幅広い用途があります。

使い方 キーフレーズのHave a nice weekend.は金曜日に人と別れるときの決まり文句です。このhaveは「経験する；過ごす」の意味ですね。会話だけでなく、メールでも最後に書き添えれば気が利くでしょう。そのまま覚えて、使ってみましょう。相手はにこりとして、You too.（あなたもね）と返してくれるでしょう。

「心に抱く」という意味では、I have a question.（質問があります）、I have no idea.（わかりません）が常用フレーズです。

Do you have the time?のthe timeは「今の時刻」を指し、「何時ですか」とたずねる決まり文句です。こう聞かれたときはIt's three thirty.（3時半です）などと答えるか、腕時計を見せてあげましょう。一方、Do you have a minute?なら「少しお時間をいただけますか」という意味になります。

Have a nice weekend.

Try it out! 会話力倍増フレーズ

❶ 質問があります。

I have a question.

❷ わかりません。

I have no idea.

❸ 頭が痛い。
　※〜acheの〜に tooth（歯）、stomach（胃）などを入れて身体の部位の痛みを表せる

I have a headache.

❹ ちょっと食べてみて。　※biteは「かじること」

Have a bite.

❺ 今何時でしょうか。　※時間を聞くときの決まり文句。theを忘れずに

Do you have the time?

❻ 青いペンを持っていますか。　※何かを借りるときに

Do you have a blue pen?

❼ ペットを飼っていますか。

Do you have any pets?

❽ 小銭がありますか。　※changeは「小銭」。small changeとも言う

Do you have change?

❾ これの他の色のものはありますか。　※お店で服を選んでいるときに

Do you have this in other colors?

☐ headache　名 頭痛
☐ change　名 小銭
☐ have a bite　ひと口食べる

㊼ 魔法の get フレーズ

I got it. わかりました。

[主語 + 動詞 get + 〜]

ポイント getは「持つようになる」（come to have）が基本的な意味です。この原意から「受け取る」、「獲得する」、「捕まえる」、「理解する」という意味でよく使います。これらは、他動詞の用法で、自動詞としてよく使うのはbecomeと同様の「〜になる」です。

使い方 キーフレーズのI got it.は「理解する」という意味の常用フレーズで、相手の言ったことを把握できたとき、「わかりました」という意味で使います。状況によっては、「わかっている」という確認のニュアンスも出せます。3語の超ミニフレーズなので、ぜひ覚えて活用してください。

「捕まえる」では、I'll get a cab.（タクシーを捕まえます）、「受け取る」ではI get five million yen a year.（年収は500万円です）がわかりやすい例でしょう。

「〜になる」の意味では、Let's get started.が「始めましょう」というフレーズとして、仕事やイベントの開始をうながすのによく使います。「スタートした状態になる」という意味です。

I got it.

Try it out!　会話力9倍増フレーズ

❶ タクシーを捕まえます。
I'll get a cab.

❷ 年収は500万円です。
I get five million yen a year.

❸ 風邪をひいたようです。
I might be getting the flu.

❹ その帽子をどこで手に入れたの？　※すてきなものを持っている相手に
Where did you get that hat?

❺ 身支度をしますね。　※外出するときに
I'll get dressed.

❻ 始めましょう。　※何をするかを示すときにはwith ～で続ける
Let's get started.

❼ 私はミクと結婚します。　※get married toで「～と結婚する」
I'm getting married to Miku.

❽ 渋滞につかまりました。　※遅れた言い訳をするときに
I got stuck in traffic.

❾ すぐに慣れますよ。　※get used toで「～に慣れる」
You'll get used to it soon.

☐cab　名 タクシー
☐flu (= influenza)　名 インフルエンザ；風邪
☐get dressed　身支度をする　　　☐get stuck　～につかまる

㊽ 魔法の make フレーズ

I'll make some coffee. コーヒーを入れましょう。

[主語 + will + 動詞make + 〜]

ポイント makeは「作る」という基本的な意味のほか、「用意する」、「もたらす」、「させる」、「獲得する」、「間に合う」などの用法がある動詞です。代表的なフレーズを覚えておけば、さまざまな場面で重宝します。

使い方 キーフレーズのI'll make some coffee.は「用意する」の例で、「コーヒーを入れましょう」です。coffeeはteaにも置き換えられます。お客さんが来たときに使えそうですね。

　make itはよく使う言い回しで、「間に合う」、「うまくいく」、「都合をつける」などの意味を表します。You can make it.は「うまくいきますよ」と相手を励ますときに使えます。I made it.なら、うまくいって「やった！」とか、電車などに「間に合った」などさまざまな場面で使えます。

　イディオムとしてはmake sure（確かめる；確実に〜する）は必須なので、ぜひ覚えておきましょう（☞フレーズ9を参照）。

I'll make some coffee.

Try it out! 会話力倍増フレーズ

❶ いつでも時間をつくりますよ。
I'll always make time for you.

❷ うまくいきますよ。　※相手を励ますときに
You can make it.

❸ やった！
I made it!

❹ 間違ってしまいました。　※make a mistakeで「間違う」
I've made a mistake.

❺ あなたは正しい決断をしましたよ。　※make a decisionで「決断する」
You made the right decision.

❻ これは中国製です。
This is made in China.

❼ どれくらい稼ぐの？　※make moneyで「儲ける」
How much money do you make?

❽ 習うより慣れろ。　※ことわざ。make perfectで「完全にする」
Practice makes perfect.

❾ 請求書の支払いを忘れないでね。　※make sure (that)で「確実に~する」
Make sure you pay the bills.

□practice　名 訓練　　　　□bill　名 請求書

㊾ 魔法の take フレーズ

I'll take this. これをいただきます。

[主語 + will + 動詞take + 〜]

ポイント takeは「手を伸ばしてつかみとる」が基本的な意味で、「取る」、「買う」、「連れていく」、「履修する」、「解釈する」、「食べる」、「必要とする」、「(時間が) かかる」などの用法があります。

使い方 キーワードのI'll take this.は「これをもらいます」という意味で、ショッピングで買う決断をしたときに店員に言う決まり文句です。具体的な品物を続けてI'll take this sweater.(このセーターをください)とか、I'll take these shoes.(この靴をください)とも言えます。

Let's take a break.と言えば「休憩しましょう」という意味で、一緒に仕事やスポーツなどをしていて、参加者に休憩を呼びかけるフレーズです。よく使うのでしっかり覚えておきましょう。

「(時間が) かかる」の用法も必須です。It took me three weeks.(それには3週間かかりました)のように使います。旅行先ではHow long does it take to get to 〜?(〜に行くのにどれくらいかかりますか)を覚えておくと便利です。

I'll take this.

Try it out! 会話力倍増フレーズ

❶ お1つどうぞ。　※お客さんにお菓子などを勧めるとき
Please take one.

❷ いつも夕食前にお風呂に入ります。　※take a bathで「お風呂に入る」
I usually take a bath before dinner.

❸ 明日は休みます。　※take a day offで「休暇をとる」
I'm taking a day off tomorrow.

❹ 座ってもいいですか。　※take a seatで「席をとる」
May I take a seat?

❺ 休憩にしましょう。
Let's take a break.

❻ そんなに真剣に受け取らないで。　※take 〜 seriouslyで「〜を真剣に受け取る」
Don't take it seriously.

❼ 3週間かかりました。
It took me three weeks.

❽ 少しのあいだ私の鞄をもっていていただけますか。
Can you take my bag for a moment?

❾ 彼女を食事に連れていきます。　※「連れていく」の意味で
I'm going to take her out for a meal.

□ take a bath　お風呂に入る　　　□ seat　名 座席
□ take a break　休憩をとる
□ take 〜 seriously　〜を真剣に受け取る
□ for a moment　少しの間

㊿ 魔法の give フレーズ

Could you give me your telephone number?

[Could + 主語 + 動詞give + 人 + モノ]
電話番号を教えていただけますか。

ポイント giveはtakeとは逆に「持っているものを与える」が基本的な意味です。「(パーティーなどを) 催す」、「(言葉などを) 発する」、「加える」、「認める」、「生じさせる」という用法があります。

使い方 日常会話でよく使うのは「与える」の意味なので、このパターンをいくつか覚えておいて、応用して使ってみましょう。

キーフレーズのCould you give me your telephone number?は初対面の相手から電話番号を教えてもらうときの常用表現です。your telephone numberの部分はyour e-mail address（メールアドレス）、your name（名前）などと入れ換えて応用が利きます。

買い物をするときにもgiveは便利です。安くしてほしいときにはCan you give me a discount?、領収書がほしいときにはCould you give me the receipt?と言えます。いったん買ったものに欠陥があったときなどに、Could you give me a refund?と言えば「返金」を頼めます。

Could you give me your telephone number?

Try it out! 会話力 9倍増フレーズ

❶ ちょっと待ってね。 ※少しだけ待ってほしいときに

Give me a second.

❷ 手を貸してもらえますか。 ※give 〜a handで「〜に手を貸す」

Can you give me a hand?

❸ 約束するよ。 ※give one's wordで「約束する；保証する；誓う」

I give you my word.

❹ 車に乗せてもらえませんか。 ※give 〜 a rideで「〜を（車に）乗せる」

Can you give me a ride?

❺ 値引きしてもらえますか。 ※give 〜 a discountで（〜に値引きをする）

Can you give me a discount?

❻ 領収書をいただけますか。

Could you give me a receipt?

❼ 返金していただけますか。

Could you give me a refund?

❽ クレジットカードをお借りできますか。 ※店員やホテルのフロント係が言う

Could you give me your credit card?

❾ アドバイスをしていただけませんか。 ※相談にのってほしいときに

Could you give me some advice?

□ a second 少しの間　　□ ride 名 乗ること
□ receipt 名 領収書　　□ refund 名 返金

話すための英文法 ⓾

基本動詞
使いこなせば話すのが楽しくなる

●コロケーション（言葉の結びつき）を知っておこう

　基本動詞を使いこなすのに大切なポイントは、その動詞がどんな名詞と結びついて使われるかです。

　日本語でも、「昼食をとる」とは言いますが「昼食をもつ」とは言わないように言葉には慣用的な相性があります。この相性を覚えておくと、基本動詞を使いこなしやすくなります。昼食の例では、英語はhave lunchともtake lunchとも言えます。

　よく日常生活のたいていのことは基本動詞で言い表せるといわれます。こういった言葉の結びつきを知っておけば、基本動詞を使える範囲が大きく広がります。

have
- **dinner**（夕食をとる）
- **a drink**（飲む）
- **a chat**（おしゃべりをする）
- **a cold**（かぜをひく）
- **trouble**（苦労する；問題がある）
- **a good time**（楽しく過ごす）

get
- **ready**（準備する）
- **wet**（濡れる）
- **married**（結婚する）
- **one's hair cut**（髪を切ってもらう）
- **things done**（仕事をする）

	the form signed（書式にサインする）
	the sack（クビになる）
make	**a call**（電話する）
	a mistake（間違う）
	a decision（決定する）
	sense（意味をなす；道理にかなっている）
	an effort（努力する）
take	**a class**（授業をとる）
	a seat（座る）
	some medicine（薬を飲む）
	a look（見る）
	a nap（いねむりをする）
	an hour（1時間かかる）
	a bow（お辞儀をする）
	a walk（散歩する）
give	**a present**（プレゼントをする）
	a shout（叫びをあげる）
	a concert（コンサートを開く）
	a party（パーティーを開く）
	～ a call（～に電話をする）

話すための英文法 ⑩

● **使いこなしたい基本動詞**

本編ではhave、get、make、take、giveのフレーズを覚えましたね。ここでは、他の基本動詞で会話によく使うものをまとめておきましょう。

do　する

さまざまなことを「行う」という意味のほか、前出の動詞の代用としても使う（代動詞）。

I have nothing to do now.（今はすべきことがない）
What do you do?（お仕事は何ですか）
"I agree with her." "So do I."（私は彼女に賛成です。私もです）

keep　保つ

「所有することを続ける」、また「ある状態を継続する」という意味で使う。

You should keep those old files.
（その古いファイルを保存しておいたほうがいいよ）

I'll keep my word.（約束は守りますよ）
I tried to keep calm.（私は冷静さを保とうとした）

put　置く

「ある状態にものを移動する」というのが基本的な意味。

She put her cup on the table.（彼女はカップをテーブルに置いた）
I won't put myself at risk.（私はリスクを冒したくない）
I put on lotion before playing golf.
（ゴルフの前にローションを塗ります）

see　見える；会う

「目で見てとらえる」が基本的な意味で、「理解する」、「会う」などの意味でも日常会話でよく使う。

Can you see Mt. Fuji?（富士山が見える？）
I see.（わかりました）
See you later.（また後でね）

bring　持ってくる；（聞き手のところに）持っていく

「何かを話し手のほうに持ってくる；聞き手のところに持っていく」というのが基本の意味。「物事をもたらす」という意味でもよく使う。

Could you bring me a glass of wine?
（ワインを持ってきていただけますか）
What brings you here?（どうしてここにいるの？）
The typhoon brought heavy rain.（台風が激しい雨をもたらした）

●著者紹介

成重 寿 Hisashi Narishige
三重県出身。英語教育出版社、海外勤務の経験を生かして、TOEICを中心に幅広く執筆・編集活動を行っている。著書は『TOEIC TEST英単語スピードマスター』、『新TOEIC TEST総合スピードマスター　入門編』共著、『新TOEIC TESTリーディングスピードマスター』、『新TOEIC TESTリスニング スピードマスター』、『TOEIC TESTビジネス英単語Lite』、『ゼロからスタート英単語』共著（以上、Jリサーチ出版）など。

入江 泉 Izumi Irie
大阪生まれ、ニュージーランド在住。1997年に小・中学参書界に入り、2008年 IWC NEW ZEALAND LIMITED 設立。学校英語や英検、TOEICなどの教材執筆・編集・校正者として活躍。中学生対象の模擬テストは年間50本以上作成。著書に『英検準2級学習スタートブック』、『英検2級学習スタートブック』（Jリサーチ出版）、『まずは500点突破！　新TOEIC TESTリスニングスコアアップ大作戦』（語研）など。

カバーデザイン	滝デザイン事務所
本文デザイン＋DTP	江口うり子（アレピエ1）
本文イラスト	いとう瞳
英文校閲	Pete Jones

J新書⑤
魔法の英会話 フレーズ500

平成21年（2009年）2月10日		初版第1刷発行
平成21年（2009年）3月10日		第2刷発行
著　者	成重　寿／入江　泉	
発行人	福田富与	
発行所	有限会社　Jリサーチ出版	
	〒166-0002　東京都杉並区高円寺北2-29-14-705	
	電　話　03(6808)8801(代)　　FAX 03(5364)5310	
	編集部　03(6808)8806	
	http://www.jresearch.co.jp	
印刷所	日経印刷株式会社	

ISBN978-4-901429-84-9　禁無断転載。なお、乱丁・落丁はお取り替えいたします。
©Hisashi Narishige, Izumi Irie 2009 All rights reserved.

魔法のフレーズカード

本編で紹介したキーフレーズをリストにしました。
「表」に英文が、「裏」に日本語が載っています。
裏の日本語を見ながら、英語を言ってみましょう。
自然と口から出るようになったら、
実際の英会話でも使えるはずですよ。

英語を話すための5つのヒント

① 覚えたら言ってみよう

話すことが大切。片言でもいいから、まず英語を使ってみよう。使うことで自信がついてくる。

② 得意のマイフレーズをつくろう

基本的なフレーズを覚えれば、単語を換えて応用が利く。1個のフレーズが何十倍にも活躍する。マイフレーズを増やしていこう。

③ 発音を気にしすぎない

ネイティブ発音である必要はまったくなし。通じる日本的発音でOKだ。はっきり発音することが大切。下手でも話しながら直していけばいい。

④ 間違っても大丈夫

間違っても言い直せばいい。ミスもまあいいか、くらいの余裕で。

⑤ 外国人に気後れしない

外国人の前だと固まる人が多い。でも、普通に話せば相手もきちんと返してくれる。要は慣れ。

魔法のフレーズ1〜7

1 ☐☐ I'm full. ▶p.18

2 ☐☐ I work part time. ▶p.20

3 ☐☐ He's a good cook. ▶p.22

4 ☐☐ This is mine. ▶p.24

5 ☐☐ It's cold, isn't it? ▶p.26

6 ☐☐ Are you sure? ▶p.32

7 ☐☐ Do you drink? ▶p.34

魔法のフレーズ1〜7

1 お腹がいっぱいです。
I'm 〜 (私は〜です)

2 アルバイトをしています。
I do 〜 (私は〜します)

3 彼は料理が上手です。
He is 〜 (彼は〜です)

4 これは私のです。
This is 〜 (これは〜です)

5 寒いですね。
It's 〜, isn't it? (〜ですね)

6 確かですか？
Are you 〜? (あなたは〜ですか)

7 お酒を飲みますか。
Do you 〜? (あなたは〜しますか)

魔法のフレーズ8〜14

8 ☐ ☐ **I don't** like onions. ▶ p.36

9 ☐ ☐ **We're** working together. ▶ p.38

10 ☐ ☐ **There are** a lot of temples in Kyoto. ▶ p.40

11 ☐ ☐ **What's** wrong? ▶ p.46

12 ☐ ☐ **How** are you doing? ▶ p.48

13 ☐ ☐ **Where** are you from? ▶ p.50

14 ☐ ☐ **When** are you available? ▶ p.52

魔法のフレーズ8〜14

8 ☐ タマネギは嫌いです。
☐ **I don't 〜**（私は〜しないです）

9 ☐ 私たちは一緒に働いています。
☐ **We're 〜**（私たちは〜です）

10 ☐ 京都にはたくさんのお寺があります。
☐ **There is [are] 〜**（〜があります）

11 ☐ どうしたの？
☐ **What 〜?**（何〜？）

12 ☐ 元気？
☐ **How 〜?**（どう〜？）

13 ☐ ご出身は？
☐ **Where 〜?**（どこ〜？）

14 ☐ いつが空いていますか？
☐ **When 〜?**（いつ〜？）

魔法のフレーズ 15〜20

15 **What time** do you close?
▶ p.54

16 **How about** you?
▶ p.60

17 **Could you** help me?
▶ p.62

18 **May I** help you?
▶ p.64

19 **Would you like to** come with me?
▶ p.66

20 **I'd like** an aisle seat, please.
▶ p.68

魔法のフレーズ15〜20

15 何時に閉まりますか。
What time 〜?（何時〜？）

16 あなたはどう？
How about 〜?（〜はどうですか）

17 手伝っていただけませんか。
Could you 〜?（〜していただけませんか）

18 いらっしゃいませ。
May I 〜?（〜してもいいですか）

19 一緒に来ませんか。
Would you like to 〜?（〜しませんか）

20 通路側の席をお願いします。
I'd like 〜（〜をお願いします）

魔法のフレーズ21〜26

21 I can't believe it.
▶ p.74

22 You should use the subway.
▶ p.76

23 I have to go now.
▶ p.78

24 I'm glad to see you.
▶ p.80

25 Thank you for everything.
▶ p.82

26 Meg and I are old friends.
▶ p.88

魔法のフレーズ21〜26

21 ☐ 信じられない。
☐ can（〜できます）

22 ☐ 地下鉄を使ったほうがいいですよ。
☐ should（〜したほうがよい）

23 ☐ もうおいとましなければなりません。
☐ have to（〜しなければなりません）

24 ☐ お会いできてうれしいです。
☐ to不定詞（〜して）

25 ☐ いろいろとありがとうございます。
☐ Thank you for 〜（〜をありがとう）

26 ☐ メグと私は古い友人です。
☐ and（〜と〜）

魔法のフレーズ27〜32

27	Is it OK or not? ▶p.90
28	When you come to Tokyo, please let me know. ▶p.92
29	I think so. ▶p.94
30	I don't know my size. ▶p.96
31	It was a lot of fun. ▶p.102
32	I'll call you later. ▶p.104

魔法のフレーズ27〜32

27 それでいいですか、だめですか。
or（〜か〜）

28 東京に来るときは、知らせてくださいね。
when（〜とき）

29 そう思います。
I think 〜（私は〜と思います）

30 自分のサイズがわかりません。
I don't know 〜（〜を知りません）

31 とても楽しかったです。
was（〜でした）▶過去

32 後で電話するね。
will（〜します）▶未来

魔法のフレーズ33〜38

33 I'm just looking, thank you.
▶p.106

34 I've already finished it.
▶p.108

35 Have you ever met her?
▶p.110

36 I feel great.
▶p.116

37 It's very kind of you.
▶p.118

38 You speak Japanese well.
▶p.120

魔法のフレーズ33〜38

33 ☐ 見ているだけです、ありがとう。
☐ be動詞 〜ing（〜しています）

34 ☐ もう終わったよ。
☐ I have 〜（〜しました）

35 ☐ 彼女に会ったことある？
☐ Have you 〜?（〜しましたか）

36 ☐ 最高です。
☐ feel（〜と感じる）

37 ☐ ご親切にどうも。
☐ very（とても）

38 ☐ 日本語がお上手ですね。
☐ well（上手に）

魔法のフレーズ39〜44

39 That's **too** bad. ▶p.122

40 This year is **better than** last year. ▶p.124

41 **Something** is wrong with my computer. ▶p.130

42 **Please** have a seat. ▶p.132

43 **Let's** talk about it later. ▶p.134

44 **Don't** be late. ▶p.136

魔法のフレーズ39〜44

39 ☐ それはいけませんね。
☐ too（あまりに）

40 ☐ 今年は去年よりもいいですよ。
☐ better than ～（～よりいい）

41 ☐ パソコンの調子がおかしい。
☐ something（何か）

42 ☐ どうぞおかけください。
☐ Please ～（どうぞ～してください）

43 ☐ 後で話しましょう。
☐ Let's ～（～しましょう）

44 ☐ 遅れないでね。
☐ Don't ～（～しないでね）

魔法のフレーズ45〜50

45 I'll do everything (that) I can. ▶p.138

46 Have a nice weekend. ▶p.144

47 I got it. ▶p.146

48 I'll make some coffee. ▶p.148

49 I'll take this. ▶p.150

50 Could you give me your telephone number? ▶p.152

魔法のフレーズ45〜50

45 できる限りのことはしましょう。
関係代名詞thatの省略

46 よい週末を。
have（過ごす）

47 わかりました。
get（理解する）

48 コーヒーを入れましょう。
make（準備する）

49 これをいただきます。
take（買う）

50 電話番号を教えていただけますか。
give（与える）